Duden

99 harmlose Fragen für überraschende Unterhaltungen zwischen Eltern und Kindern

Von Ralph Caspers

Dudenverlag
Berlin

Fragen über Fragen

Fragen über Fragen

Fragen über Fragen

Fragen über Fragen

Ralphs Fragen-Zufallsgenerator

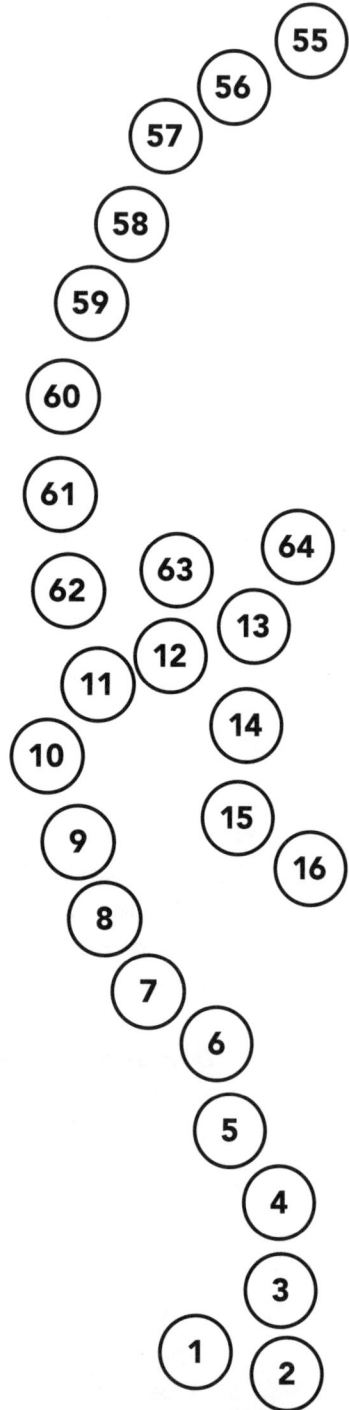

55
56
57
58
59
60
61
63 64
62 13
12
11 14
10
9 15
16
8
7
6
5
4
3
1 2

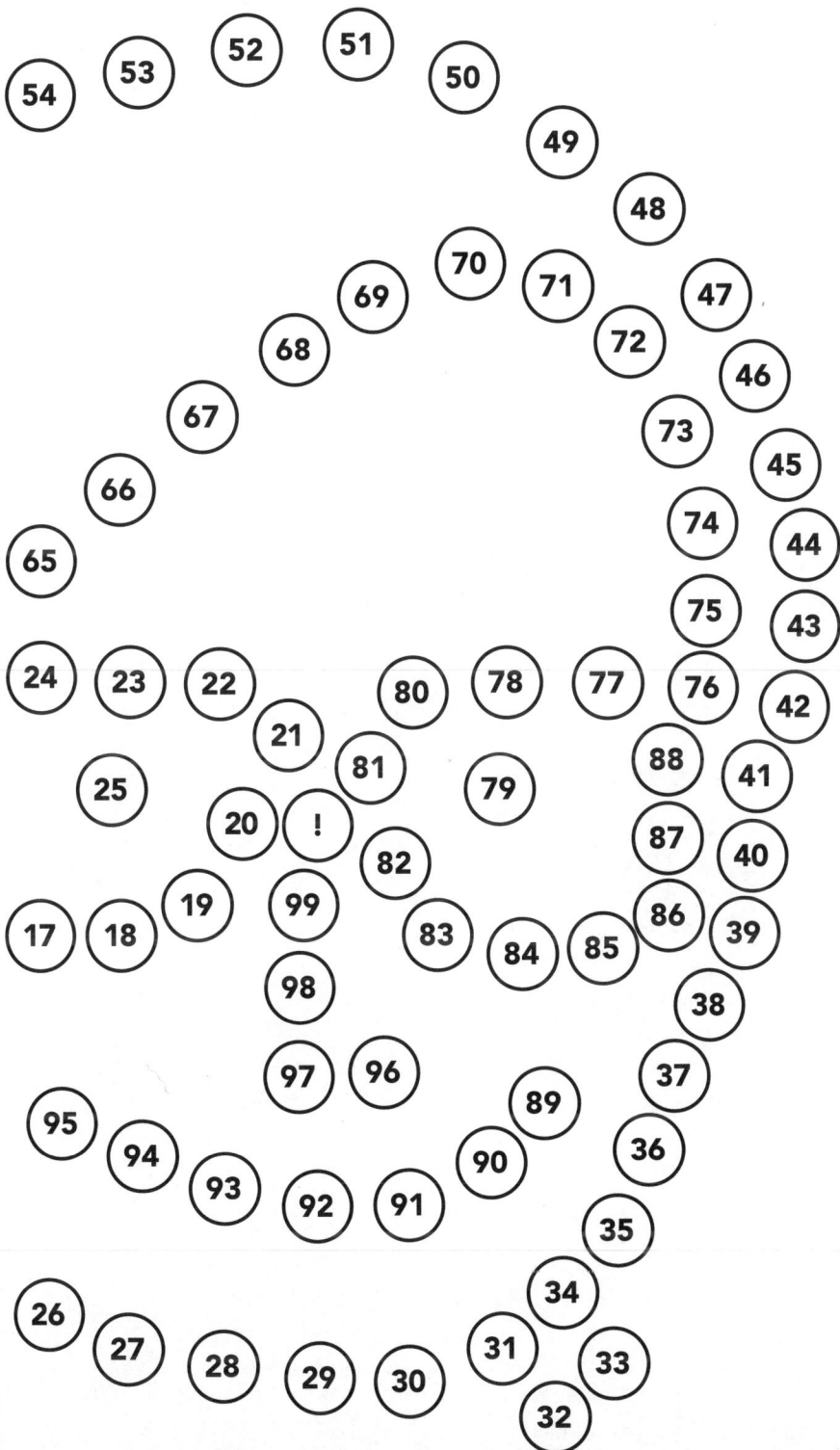

54 53 52 51 50 49 48 70 69 68 67 66 65 71 72 47 46 73 45 74 44 75 43

24 23 22 21 25 20 ! 80 81 82 99 78 79 77 76 42 88 41 87 40 86 39

17 18 19 98 83 84 85 38 97 96 37 89 36 95 94 93 92 91 90 35 34

26 27 28 29 30 31 32 33

7

1

Wie würdest du dich vorstellen, wenn du jemand Neues kennenlernst?

Eins

Meistens schaue ich meinem Gegenüber in die Augen und sage: „Hallo, ich heiße Herzglitzer Ralphonus Elvis Maria Caspers. Aber die meisten nennen mich Ralph."

In neun von zehn Fällen werde ich ungläubig angelächelt, in einem von zehn Fällen mitleidig angeseufzt. Dieser eine Mensch sagt in der Regel so etwas wie: „Deine Eltern waren Hippies." Ich nicke dann und ergänze: „Ja, sie waren sehr entspannt. Und Fans von Mozart." Denn Wolfgang Amadeus Mozart hieß eigentlich Joannes Chrysostomus Wolfgangus Theophilus Mozart. Theophilus kommt aus dem Griechischen. Ins Deutsche übertragen würde er Gottlieb heißen und ins Lateinische Amadeus. Die französische Variante Amadé benutzte Mozart, wenn er sich irgendwo vorstellte. Da sieht man mal, was für eine wichtige Funktion so eine Vorstellung hat. Nicht nur erfährt man etwas über sein Gegenüber. Oh nein, man fängt direkt an, sich zu unterhalten, kommt ins Gespräch und lernt sich besser kennen.

Und genau dafür ist auch dieses Buch gedacht. Hier findest du viele harmlose Fragen, die dich - mal mehr mal weniger - zum Nachdenken bringen und die vielleicht sogar dafür sorgen, dass eine Unterhaltung beginnt und man sich gegenseitig besser kennenlernt. Zu jeder Frage schreibe ich einen kleinen Text mit meiner Antwort und in welche Richtung du vielleicht weiterdenken könntest. Das Tolle daran ist: Es gibt keine falschen und richtigen Antworten. Allerhöchstens gibt es ein paar neue Gedanken. Und bei denen wünsche ich dir sehr viel Spaß!

Wenn du eingeladen würdest, mit zur ISS zu fliegen, würdest du es machen? Zum Mond? Zum Mars? Wie weit von zu Hause würdest du höchstens reisen wollen?

Zwei

Einmal bin ich von zu Hause abgehauen. Ich war so jung, dass mir noch niemand beigebracht hatte, über die Straße zu gehen. Das hatte zur Folge, dass ich nur einmal um den Block gehen konnte.

Inzwischen schaffe ich es weiter - auch über die meisten Straßen. Aber wie bei fast allen Menschen ist meine Reichweite begrenzt auf etwa 20 000 Kilometer. Weiter weg von hier kann ich nicht kommen. Ich wäre sonst schon wieder auf dem Rückweg, denn unser Planet ist mehr oder weniger rund. Wenn ich die Erde verlassen würde, sähe das schon anders aus.

Der nächstmögliche Halt im Weltraum ist die Internationale Raumstation, die auch ISS genannt wird. Sie fliegt auf einer Höhe von rund 400 Kilometern durchs All. Das klingt gar nicht so weit weg. Aber das Leben da ist so anders als auf der Erde, dass es für die Menschen, die dort waren, ein unvergessliches Erlebnis bleibt. Das liegt zum einen an dem einmaligen Blick auf unseren Planeten. Zum anderen an der Schwerelosigkeit, die dafür sorgt, dass es kein Oben und kein Unten gibt und man richtig aufpassen muss, wohin man sich übergibt, wenn einen die Raumkrankheit erwischt.

Viel entfernter ist der Mond. Die Strecke dorthin ändert sich ständig, kann aber im höchsten Fall etwa 400 000 Kilometer lang sein. Noch weiter ist kein Mensch je gekommen. Es gibt Ideen, zum Mars zu reisen - das wären dann mindestens 55 650 660 Kilometer.

Übrigens, das Schöne an meinem ersten Ausreißversuch war, dass ich automatisch nach der Runde um unseren Wohnblock wieder zu Hause ankam.

3

Wenn du das Wochen-
ende verlängern
könntest, sollte lieber
der Freitag oder
der Montag mit dazu
gehören?

Drei

Für mich ist der Freitag sowieso ein toller Tag, weil er das Ende der Woche ist und der Beginn des Wochenendes. Freitage fühlen sich meistens ganz entspannt an. Deshalb würde ich mich für den Montag als Wochenendverlängerung entscheiden. Aber ehrlich gesagt: Es ist mir egal. Hauptsache drei Tage Wochenende!

Aber warum sollte man schon bei drei Tagen aufhören? Wäre es nicht schön, wenn alle Wochentage frei wären? Das klingt erst einmal verlockend, bringt aber auch das eine oder andere Problem mit sich. Erstens: Wie sollte man Geld verdienen, wenn man nur noch frei hat und nicht mehr arbeitet? Zweitens: Würde das nicht wahnsinnig langweilig werden? Ich erinnere mich nicht gern an die Wochenenden, die so öde waren, weil es niemanden gab, mit dem man etwas unternehmen konnte - außer den eigenen Eltern, die immer nur spazieren gehen wollten. Örks.

Wenn man an keinem Tag mehr in die Schule oder arbeiten gehen muss, wenn also jeder Tag frei ist, dann gibt es keine freien Tage mehr. Denn damit man Tage frei hat, muss es auch Tage geben, die man nicht frei hat. Oder anders ausgedrückt: Schatten kann es nur geben, wenn es auch Licht gibt. Was dunkel ist, versteht man erst, wenn man weiß, was hell bedeutet. In der Philosophie nennt man das Polarität. Polaritäten sind zwei Enden einer Wurst - das linke Ende und das rechte Ende. Gäbe es das eine Ende nicht, würde auch das andere nicht existieren. Und die Wurst gäbe es dann auch nicht mehr. Insofern bin ich ganz froh, dass die Woche aus nichtfreien Tagen und freien Tagen besteht. Sonst gäbe es überhaupt kein Wochenende mehr. Und das fände ich sehr schade. Und du?

4

1, 2, 3, 4?
Oder 5 und 6?

Vier

Okay, das sieht ein wenig sinnlos aus. Deshalb formuliere ich die Frage etwas um. Also: Wir beide bekommen jeweils einen Würfel und würfeln. Das heißt, zwei Würfel werden geworfen. Wenn die höchste Zahl - egal wer sie gewürfelt hat - eine 1, 2, 3 oder 4 ist, gewinnt der eine. Wenn die Zahl eine 5 oder 6 ist, gewinnt der andere. Bevor wir loslegen, darfst du dir aussuchen, welche Zahlen deine Gewinnzahlen sein sollen: 1, 2, 3 und 4? Oder 5 und 6?

Es sieht so aus, als hätte man bei 1, 2, 3 und 4 vier Gewinnmöglichkeiten. Bei 5 und 6 nur zwei. Da muss man nicht lange überlegen - 1, 2, 3, 4 ist die beste Wahl. Richtig?

Falsch, denn die Wahrscheinlichkeit zu gewinnen ist bei 5 und 6 höher als bei 1, 2, 3 und 4. (Gut zu wissen, wenn man bei langweiligen Familienfeiern sein Taschengeld etwas aufbessern möchte und eine wettfreudige Verwandtschaft hat.)

Hier die Erklärung. Wenn man zwei Würfel wirft, gibt es viele Möglichkeiten, welche Zahlen nach dem Wurf oben liegen können: 1 & 1, 1 & 2, 1 & 3, 1 & 4, 1 & 5, 1 & 6. 2 & 1, 2 & 2 - und immer so weiter, bis du bei 6 & 6 angekommen bist. Das sind insgesamt 36 Möglichkeiten, denn sechs mal sechs ist 36.

Wenn du dich für 1, 2, 3, und 4 als Gewinnzahlen entscheidest, dann gewinnst du ja, wenn die höchste Zahl bei beiden Würfeln 1, 2, 3 oder 4 ist. Du gewinnst bei 16 Würfelergebnissen, also bei allen Kombinationen, die es von 1 & 1 bis 4 & 4 gibt. Das heißt, es bleiben 20 Würfelkombinationen übrig für die Zahlen 5 und 6. Denn 36 minus 16 ergibt 20. Die Chance zu gewinnen ist also bei 5 und 6 größer.

Gewinnchancen richtig einschätzen kann echt schwer sein.

Wann hattest du das letzte Mal Schadenfreude?

Fünf

Was genau ist Schadenfreude eigentlich? Sie besteht aus zwei Wortelementen: Schaden und Freude. Genauer gesagt handelt es sich um das Gefühl der Freude, das man empfindet, wenn einem anderen ein Schaden widerfährt. Zum Beispiel: Jemand rennt schwungvoll nach draußen, übersieht dabei eine Glastür und knallt boing dagegen. Falls du jetzt beim Lesen grinst, hast du ein kleines bisschen Schadenfreude.

Der Philosoph Arthur Schopenhauer[1] war übrigens der Ansicht, dass nur böse Menschen Schadenfreude empfinden. Und Richard Chenevix Trench, ein irischer Erzbischof aus dem 19. Jahrhundert, schrieb, dass es kein gutes Zeichen sei für eine Kultur, wenn ihre Sprache solch ein Wort hervorgebracht habe.[2] Für den Begriff „Schadenfreude" gibt es weder im Englischen, noch im Französischen, Italienischen, Spanischen, Portugiesischen oder Polnischen eine Übersetzung! Die Menschen dort benutzen unser Wort. Rein sprachlich gesehen ist „Schadenfreude" also eine unglaublich erfolgreiche deutsche Errungenschaft. Aber tatsächlich gibt es dieses Gefühl bei Menschen auf der ganzen Welt. Und zwar nicht nur bei den Bösen. (Puh, Glück gehabt!)

Aber worum genau handelt es sich bei dem Gefühl der Schadenfreude? Ist es meine Erleichterung darüber, dass mir das Missgeschick erspart geblieben ist? Oder spielt Gehässigkeit eine Rolle, weil ich insgeheim denke, „die Glastür war aber so was von verdient"? Und, wenn ja, warum war sie verdient? Vielleicht, weil ich ein bisschen neidisch auf den anderen war? Ein sehr interessantes Gefühl ist Schadenfreude allemal, gerade weil sie so vielfältig ist.

6

Hund oder Katze?

Sechs

Diese Frage ist so alt wie die Menschheit. Besser gesagt, so alt wie die Menschheit, die Haustiere gehalten hat. Hunde gelten als die besten Freunde des Menschen. Aber die Wahrheit ist, sie sind nur die zweitbesten! Laut Industrieverband Heimtierbedarf gibt es in Deutschland 9,4 Millionen Hunde als Haustiere, aber 14,8 Millionen Katzen. Das sind sehr unvorstellbare Zahlen. Anders ausgedrückt: In einer Nachbarschaft mit zehn Familien, hätten drei Familien Katzen und zwei Familien Hunde.

Dabei begleiten Katzen uns Menschen erst seit etwa 9000 Jahren. Hunde sind bereits seit mindestens 30 000 Jahren unsere Haustiere. In dieser Zeit haben sie vielfältige Aufgaben übernommen: Es gibt Jagdhunde, Hütehunde, Rettungshunde, Schoßhunde, Blindenhunde, Spürhunde, Schlittenhunde, Wachhunde und sogar Therapiehunde. Katzen dagegen sieht man selten einen Schlitten ziehen oder eine Herde Schafe hüten, auch als Wachkatze haben sie sich nicht so bewährt - kein Wunder, sie verbringen einen Großteil ihres Lebens mit Schlafen. Zur Jagd kann man sie auch nur bedingt einsetzen und auch als Rettungskatze haben sie sich noch keine nennenswerten Lorbeeren verdient. Vielleicht liegt es an ihrer Körpergröße. Oder an der Größe ihrer Persönlichkeit. Die scheint bei Katzen sehr ausgeprägt zu sein, sie gelten allgemein als dickköpfig und unabhängig. Hunde dagegen sind eher gelehrig und treuherzig. Sind das vielleicht auch die Eigenschaften der Menschen, die sich als Hunde- oder Katzentypen sehen? Oder ist es umgekehrt und man sucht sich das Haustier aus mit den Eigenschaften, die einem selber fehlen? Was meinst du?

Wenn du eine Geschichte geschrieben hast und sie zehnmal ausdruckst, sind es dann zehn Geschichten oder ist es immer noch eine?

Sieben

Die meisten werden sagen: „Ist doch klar. Wenn ich eine Geschichte geschrieben habe und die tausendmal kopiere, bleibt es trotzdem eine Geschichte."

Tja. Wenn ich eine Geschichte geschrieben habe und die Blätter mit dieser einen Geschichte einer Freundin schicke, dann geht eine Geschichte an einen Menschen.

Wenn ich aber zehn Freunden Geschichten schicken möchte, komme ich mit einem Ausdruck nicht sehr weit. Ich muss meine Geschichte zehnmal ausdrucken. Dann sind das zehn Geschichten - eine für jeden meiner Freunde. Es sind natürlich nicht zehn unterschiedliche Geschichten. Aber trotzdem können diese zehn Geschichten zehn ganz unterschiedliche Reaktionen auslösen - von „Wow, ist das eine tolle Geschichte!" bis zu „Die kam genau richtig, ich hatte nämlich keine Grillanzünder mehr".

Wenn aber ein und dieselbe Geschichte von verschiedenen Menschen ganz unterschiedlich wahrgenommen wird, ist es dann wirklich ein und dieselbe Geschichte? Ist die Wirkung, die eine Geschichte hat, nicht auch Teil der Geschichte? Und wenn zehn Ausdrucke einer Geschichte zehn verschiedene Eindrücke verursachen, und jeder Eindruck auch ein Teil der Geschichte ist, dann kann man doch eigentlich nicht nur von einer Geschichte sprechen. Oder?

8

Vergelten oder vergeben?

Acht

Vergeltung kann man auch so schreiben: Wie du mir, so ich dir. Das klingt erst mal sehr gerecht und hat in der Geschichte der Menschheit eine lange Tradition. Schon bei den alten Babyloniern gab es Vorschriften, die genau regelten, was passieren sollte, wenn ein Mensch einen anderen verletzt hatte. Der babylonische König Hammurapi I. bestimmte, dass ein Mensch, der einem anderen einen Schaden zugefügt hatte, einen gleichen Schaden erleiden sollte. Wer also zum Beispiel einem anderen einen Zahn ausgeschlagen hatte, sollte auch einen Zahn ausgeschlagen bekommen. Dieses Prinzip findet sich auch in der Bibel im Alten Testament: Auge um Auge, Zahn um Zahn.

Das wurde einerseits als ausgleichende Gerechtigkeit empfunden, andererseits sorgten diese Regeln dafür, dass auch wirklich nur der Mensch bestraft wurde, der einen anderen verletzt hatte. Davor war so ein zertrümmertes Auge oder ein rausgehauener Zahn gern mal der Grund dafür, gleich die ganze Familie des Schlägers umzubringen.

Aber wie sagte schon der indische Friedensaktivist Gandhi im Film „Gandhi": „Auge um Auge lässt irgendwann die ganz Welt erblinden."[3] Das ist das Problem: Richtig gleichwertig lässt sich etwas nur sehr schwierig vergelten. Das kann dann eine ganze Reihe von Vergeltungstaten nach sich ziehen. Ohne glückliches Ende.

Eine Idee, um aus dieser Situation herauszukommen, findet sich in der Bibel - im Neuen Testament. In der Bergpredigt sagt Jesus: „Dem, der dich auf die Wange schlägt, biete auch die andere."[4] Darauf muss man erst mal kommen!

Bei mir habe ich festgestellt: Vergeltung tut für einen kurzen Moment gut, Vergebung für immer. Bei dir?

9

Was tun, wenn die Ampel nie grün wird?

Neun

Die Regel ist ganz klar: An einer roten Ampel muss man stehen bleiben und warten, bis die Ampel grün wird. Das gilt für alle, die mit dem Auto, dem Fahrrad, den Füßen oder sonst wie auf der Straße unterwegs sind. Aber was macht man, wenn man an der Ampel steht und das blöde Ding einfach nicht von Rot auf Grün schaltet? Hält man sich dann stur und stumpf an die Regel? Oder vergisst man die Regel, ignoriert die rote Ampel und setzt einfach seinen Weg fort?

Das Doofe ist: Für jede Regel, die man bricht, kann es eine Strafe geben. Wenn man mit dem Auto über eine rote Ampel fährt und das Licht schon länger als eine Sekunde rot war, dann kostet das 200 Euro, es bringt zwei Punkte im Fahreignungsregister in Flensburg, und zwei Monate lang darf man nicht Auto fahren. Überquert man als Fußgänger die Straße, obwohl man Rot hatte, muss man fünf Euro bezahlen. Wenn es zu einem Unfall gekommen ist, mindestens das Doppelte.

Was würdest du machen? Wenn du seit zehn Minuten an der Ampel stehst und sie ganz klar kaputt ist? Hältst du dich an die Regel, auch wenn sie in diesem Moment sinnlos ist? Oder versuchst du, ganz vorsichtig, ohne einen Unfall zu verursachen, über die Straße zu kommen?

(Tipp für Autofahrer: Bevor man über eine Ampel fährt, die nur noch Rot zeigt, sollte man mindestens fünf bis zehn Minuten warten. Und man sollte die örtliche Polizei anrufen, um von der Ampelstörung zu berichten. Denn falls jemand ein Foto vom Überfahren bei Rot macht, hat man so hinterher eine gute Chance, eine hohe Strafe zu vermeiden.)

10

Was ist einfacher: um Verzeihung zu bitten oder um Erlaubnis zu fragen?

Zehn

Zuerst wollte ich um Erlaubnis fragen, ob ich hier auch mal nichts schreiben kann.

Jetzt bitte ich einfach um Verzeihung, dass ich zu dieser Frage keine Antwort habe. (Um Verzeihung zu bitten ist auf jeden Fall einfacher! Für mich. Hier. Was diesen Text angeht.)

(Aber es ist natürlich auch ein Zeichen meiner Faulheit, dass ich einfach nichts zu diesem Thema schreibe. Und dass ich vorher nicht gefragt habe, zeigt auch, dass ich wahrscheinlich etwas Angst davor hatte, die Erlaubnis nicht zu bekommen, diesen Text auszulassen. Ganz zu Recht. Wie sieht das denn auch aus, wenn eine Seite fast leer ist?)

(Fest steht, um Erlaubnis für etwas zu fragen, von dem man weiß, dass es ein anderer nicht gut finden würde, ist sehr schwer. Da muss man sich schon starke Argumente überlegen - was anstrengend sein kann. Wenn man natürlich wichtige Argumente hat, spart man sich später das oft peinliche Bitten um Verzeihung. Auch nicht zu verachten: Der andere wird nicht übergangen, sondern fühlt sich eventuell mit in die Entscheidung einbezogen. Das zeigt gegenseitiges Vertrauen, und es ist vielleicht auch genau so, wie ich selbst gern behandelt werden möchte.)

Welches Tier wärst du gern?

Elf

Wenn ich aus meinem Fenster auf den Waldrand sehe, dann stelle ich mir oft vor, wie es wohl wäre, als Greifvogel durch den Wald zu fliegen und den Ästen geschickt auszuweichen oder über die Baumwipfel zu gleiten und vom Wind höher und höher in die Luft getragen zu werden. Allerdings fresse ich nicht so gern Mäuse, Würmer oder Insekten. Das weiß ich, seitdem ich mal beim Fahrradfahren eine Fliege verschluckt habe. Ist nicht ganz mein Geschmack.

Suche ich mir ein Tier aus, das ich ganz niedlich finde oder lieber eins, vor dem andere Respekt haben? Nehme ich ein echtes Tier oder eins, das es gar nicht gibt – wie etwa einen Drachen oder ein Einhorn?

Wichtige Fragen, die sich auch Königinnen und Kaiser gestellt haben: „Was kommt auf mein Wappen?" Napoleon Bonaparte zum Beispiel mochte die Biene als Wappentier. Das war ganz schön hintersinnig. Denn der letzte König vor Napoleon war Ludwig XVI. aus der Familie der Bourbonen. In deren Wappen war die Lilie das wichtigste Symbol. Wenn der König Familien oder Städte würdigen wollte, weil sie ihm in besonderer Weise geholfen haben, dann erlaubte er ihnen, eine Lilie in ihrem Wappen zu führen. Napoleon dagegen zeichnete wichtige Städte mit einer Biene aus.

Es gab viele Gründe, warum Napoleon die Biene statt der Lilie nahm. Die schönste Geschichte dazu wurde mir während einer Führung durch das Schloss Chambord erzählt: Vergleicht man die Bourbonen-Lilie mit der Napoleon-Biene, dann stellt man fest, dass die Biene so aussieht wie die Lilie, die auf den Kopf gedreht wurde. Die Napoleon-Biene fliegt auf die Bourbonen-Lilie und sticht sie.

Was erzählt dein Tier über dich?

12

Wie lang dauert „jetzt"?

Zwölf

Eigentlich könnte man denken, dass das Wort, das jetzt von deinem Blick gestreift wird, genau diesen Moment in der Zeit beschreibt: das Jetzt. Und wenn dieser Augenblick beim nächsten Wort ist, ist das alte Jetzt schon vom nächsten Jetzt abgelöst worden. Bedeutet das, dass „jetzt" genau ein Wort lang dauert?

„He!", wäre ein ziemlich kurzes Jetzt.

„Fußballstadiondauerkartenübertragungsverordnungsentwurfsgesprächsgruppentermin" wäre ein ziemlich langes Jetzt.

(Das liebe ich an der deutschen Sprache: Ein langes Wort kann immer noch länger gemacht werden. Manche Wörter sind so lang, die sind kurz davor, eine eigene Postleitzahl zu bekommen.)

Aber kann es sein, dass es unterschiedlich lange „Jetzts" gibt? Das Jetzt sollte doch immer die gleiche Dauer haben, oder? „Jetzt" beschreibt ja „Gleichzeitigkeit".

Das ist eine Frage, die Menschen aus den unterschiedlichsten Forschungsgebieten beschäftigt. Um herauszufinden, wie lange „jetzt" dauert, wird zum Beispiel überprüft, wie kurz eine Pause zwischen zwei Ereignissen höchstens sein darf, damit diese beiden Ereignisse von Menschen als gleichzeitig wahrgenommen werden. Beim Sehen dürfen zwischen zwei Lichtblitzen 20 Millisekunden Zeit vergehen, man nimmt sie trotzdem noch als gleichzeitig wahr. Beim Hören sind es nur drei Millisekunden zwischen zwei Tönen. Das „Jetzt" als die Zeit zwischen Vergangenheit und Zukunft ist für die Wissenschaft übrigens drei Sekunden lang.

Das klingt sehr plausibel, finde ich. Vergangenheit und Zukunft werden vom „Jetzt" zusammengehalten: eine Sekunde für das, was war, eine für das, was wird, und eine für das, was ist.

Wenn du Gott wärst, was würdest du tun?

Dreizehn

Gott zu sein bedeutet ja, alles tun zu können, was man möchte. Man hätte größtmögliche Macht. Ich würde als Erstes dafür sorgen, dass es keine Zecken mehr gibt. Dann könnte ich wieder - ohne mir Gedanken zu machen - durch den Wald und durchs Unterholz streifen.

Wenn ich allmächtig wäre, dann wäre die Welt so etwas wie mein Spielzimmer. Ich könnte neue Tierarten entstehen lassen. Ich könnte dafür sorgen, dass der Himmel grün wird. Ich könnte alle Kriege beenden. Ich könnte aber auch die Welt untergehen lassen. Wäre ich eher ein wohlwollender Gott? Oder wäre ich lieber boshaft - ohne dass ich mir Sorgen machen müsste um die Konsequenzen? Niemand könnte mich ausschimpfen oder mir Fernsehverbot geben, wenn ich Gott wäre und alles kaputtgemacht hätte.

Man hat es als Gott bestimmt nicht leicht: Ständig beschweren sich irgendwelche Leute über das, was man macht. Oder - noch nerviger - Menschen behaupten, es gebe mich gar nicht, selbst wenn ich ihnen ein Zeichen meiner Existenz nach dem anderen gebe. Wahrscheinlich würde mich das nach einiger Zeit so aufregen, dass ich meine Sachen packen und rufen würde: „Wisst ihr was? Macht euren Kram alleine. Mir reichts. Ich gehe!"

Wenn ich mir überlege, was ich tun würde als Gott, dann denke ich natürlich auch darüber nach, was mir auf der Welt zurzeit nicht gefällt. Was würde ich ändern wollen? Und brauche ich wirklich allmächtige Kräfte für diese Änderungen oder könnte ich einige Dinge angehen, selbst wenn ich kein Gott bin?

Was ist dein Lieblingsbuchstabe?

Vierzehn

Wenn wir mit unseren Buchstaben schreiben, dann ist das für die meisten von uns total selbstverständlich, und kaum jemand denkt darüber nach, was für eine großartige Erfindung wir benutzen.

A, B, C, D, E, F, G, H, I, J, K, L, M, N, O, P, Q, R, S, T, U, V, W, X, Y, Z. Mit diesen paar Zeichen lassen sich alle Ideen, die man hat, aufschreiben und festhalten. Welcher von denen ist dein Lieblingsbuchstabe? Ist es vielleicht der Anfangsbuchstabe deines Namens?

Wenn du davon ausgehst, dass Lieblingsbuchstaben am häufigsten benutzt werden, dann sind im Deutschen das E und das N die beliebtesten Buchstaben. Hier in diesem Text kommt das E 133-mal vor und das N 97-mal. Ich mag beide.

Es gibt Buchstaben, die sehen von hinten genauso aus wie von vorne - das A zum Beispiel oder das H. Andere Buchstaben dagegen können sich verwandeln: Aus dem W wird ein M, das kleine p zum b oder zum d, je nachdem, wie man es dreht. Und wieder andere Buchstaben lassen sich durch nichts aus der Ruhe bringen - so wie das O. Das sieht immer gleich aus.

Ich mag ja besonders gern Buchstaben, die Wörtern einen neuen Sinn geben. Das S zum Beispiel macht aus einem „glücklos" ein „Glückslos".

Ist ein Problem immer noch ein Problem, wenn du nicht mehr denkst, dass es ein Problem ist?

Fünfzehn

Manchmal habe ich das Problem, dass ich einen Text schreiben möchte, aber einfach nicht weiterkomme. Als würde ich in einem Zimmer festsitzen, weil die einzige Tür nach draußen von außen blockiert ist. Ich starre auf die Tür, rüttle an der Klinke, trete gegen das Holz, aber nichts bewegt sich. Ja, Probleme bedeuten oft, dass man in einer Situation steckt und keinen Ausweg sieht. Oder man sieht den Ausweg, aber der ist fest verschlossen.

Wenn ich nicht weiß, wie es weitergehen soll, dann mache ich für gewöhnlich etwas ganz anderes. Das hilft komischerweise. Ich lese etwas oder zeichne oder sehe aus dem Fenster. Und während ich etwas anderes mache, arbeitet mein Gehirn im Hintergrund weiter an der Lösung des Problems, ohne dass ich mich bewusst daran beteilige. Fast so, als würde ich in der Mikrowelle Essen heiß machen: Ich stelle den Teller rein, schalte das Gerät ein, nach kurzer Zeit macht es „pling“, die Mikrowelle ist fertig, und ich muss nur noch das heiße Essen rausnehmen. Wenn ich mich mit etwas anderem beschäftige, meldet sich irgendwann mein Gehirn mit einer Idee zur Lösung meines Problems. Zum Beispiel: „Hey, auch das Fenster ist ein Weg nach draußen.“

Ein Problem kann man als unüberwindbares Hindernis sehen, das einem den Weg versperrt. Aber was, wenn man das Hindernis nicht als Hindernis nimmt, sondern als Möglichkeit, mal vom Weg abzukommen und um das Hindernis herumzugehen? Wer weiß, wohin einen das dann führen kann.

16

Lieber einen Stift,
der alles real werden
lässt, was du
zeichnest, oder
einen Radierer, der
alles Reale
wegradieren kann?

Sechszehn

(Ich gehe mal davon aus, dass dieser Stift, der alles echt werden lässt, was ich zeichne, nicht darauf angewiesen ist, dass meine Zeichnungen auch echt aussehen. Also: -)

Schaffe ich lieber Dinge neu, die mir fehlen? Oder lasse ich lieber Dinge verschwinden, die mich stören? Bin ich eher für mehr? Oder bin ich eher für weniger?

Beim Einkaufen bräuchte ich nie mehr in der Kassenschlange zu stehen, weil ich alles, was ich benötige, einfach zeichnen könnte. Jeden Wunsch, den ich habe, könnte ich mir selbst erfüllen. Ein Hund? Kein Problem! Hundefutter? Kann ich auch zeichnen. Halsband und Leine? Einfach! Wahrscheinlich müsste ich aufpassen, dass ich nicht zu viel zeichne - und mir zu viele Wünsche erfülle. Irgendwann ist ein Zimmer oder eine Wohnung oder ein ganzes Haus vollgestellt.

Vielleicht wäre der Radierer doch die bessere Wahl. Alles, was mir nicht gefällt, könnte ich wegradieren. Ich müsste nie wieder den Müll rausbringen. Und einen Parkplatz zu finden wäre auch kein Problem mehr - ich könnte mir einfach den Platz, den ich brauche, freiradieren. Aber wahrscheinlich würde ich ziemlich schnell Ärger mit den Besitzern der ausradierten Autos bekommen.

Vielleicht wäre es doch am besten, wenn ich beides hätte: den Stift und den Radierer. Und bei dir?

Sonnenlicht oder Mondschein?

Siebzehn

Für mich, ganz klar: Mondschein! Ich weiß natürlich, dass der Mond nicht selbst leuchten kann, sondern das Licht der Sonne reflektiert - also zurückwirft. Dennoch, wenn der Mond nachts am Himmel leuchtet, verbreitet er eine Stimmung, die ich einfach angenehm finde. Das Mondlicht ist auf eine beruhigende Art kühl und ruhig. Es kann natürlich auch ein bisschen gruselig sein: Du bist mehr auf deine Fantasie angewiesen, wenn du etwas erkennen willst, weil der Mondschein bei Weitem nicht so hell ist wie das Licht der Sonne. Außerdem brauchst du dich nicht einzuschmieren - von einem Mondbrand hat noch nie jemand etwas gehört. Du kannst allerdings schlecht nur in Badehose oder Bikini rausgehen - dafür ist es meistens zu kalt.

Im Vergleich zum Vollmond ist die Sonne fast 400 000-mal heller. Kein Wunder, dass Sonnenlicht richtig wehtun kann, vor allem wenn man keine Sonnencreme benutzt. Dann können die UV-Strahlen der Sonne einen schlimmen Sonnenbrand verursachen. Auch der Hitze lässt sich schlecht entkommen. Dafür gibt es die schönsten Regenbögen nur bei Sonnenlicht. Ohne das Licht der Sonne gäbe es keine Farben. Tatsächlich enthält das Sonnenlicht alle Farben. Wenn Sonnenlicht zum Beispiel auf einen roten Apfel trifft, dann sorgen die Farbstoffe im Apfel dafür, dass nur der rote Anteil des Sonnenlichts vom Apfel zurückgeworfen wird, in unser Auge fällt und wir die rote Farbe wahrnehmen. Wird der rote Apfel nur mit blauem Licht angestrahlt, dann gibt es keinen roten Lichtanteil, den die Farbstoffe zurückwerfen können. Der Apfel wirkt dann farblos, fast schwarz.

Wie die Nacht.

Wenn du einen Außerirdischen bei dir zu Hause aufnehmen würdest, würdest du anderen Menschen davon erzählen?

Achtzehn

Angenommen ein unbekanntes Flugobjekt - ich kürze diesen langen Begriff einfach mal ab mit „Ufo" - stürzt auf unser Grundstück und eine außerirdische Lebensform - ich kürze diesen langen Begriff einfach mal ab mit „Alf" - würde aus dem Wrack kriechen und bei uns zu Hause einziehen, dann wäre das auf jeden Fall eine großartige Idee für eine Fernsehserie.

Eine Begegnung mit einer „Alf" wäre ein epochales Ereignis, denn so etwas hat es in der Geschichte der Menschheit noch nicht gegeben. Oder besser gesagt: Es gibt keine verlässlichen Berichte über so eine Begegnung. Deshalb wäre das sicherlich ein sehr guter Grund, Menschen davon zu berichten. Die Gewissheit, dass es noch andere Lebewesen im Universum gibt außer uns, könnte für einen enormen Entwicklungsschritt sorgen. Und auch die Technologie, die diese Wesen haben und vielleicht mit uns teilen, würde uns bestimmt weiterbringen.

Es könnte aber auch eine riesige Panik ausbrechen, wenn man von dem Außerirdischen erzählt, der bei einem wohnt.

In Fernsehserien und Filmen geht es für die Außerirdischen meistens nicht gut aus, wenn ihre Anwesenheit entdeckt wird. Menschen sind neugierig und wollen wissen: Aus was besteht denn so ein Außerirdischer? Kann man ihn essen? Wird er uns essen? Und schneller als man Hyperantrieb sagen kann, wird der Außerirdische auseinandergenommen.

Ich denke, ich würde den außerirdischen Besuch für mich behalten. Wahrscheinlich glaubt mir das sowieso niemand. Oder wie siehst du das?

Für wie viel bist du käuflich?

Neunzehn

Jedes Mal, wenn ich diese Frage stelle, lachen alle bei uns zu Hause. Vielleicht denken sie, es sei eine Fangfrage. Dabei ist es vor allem eine sehr schwierige Frage. Denn wer gibt schon gern zu, käuflich zu sein, obwohl doch wahrscheinlich alle käuflich sind. Kommt es nur auf den Preis an? Oder darauf, was du für das Geld machen sollst?

Wenn mir jemand 100 Euro anbieten würde, damit ich auf die Straße gehe und rufe „Ich kann fliegen, ich kann fliegen!" - ich würde es machen. (Bin ich wirklich so billig zu haben? Schlimm.)

Wie viel Peinlichkeit würdest du in Kauf nehmen? Würdest du für 1000 Euro nackt durchs Einkaufszentrum laufen? Menschen sind ja sehr kreativ, wenn es darum geht, anderen Menschen idiotische Angebote zu machen und dafür Geld zu bezahlen. Ist es in Ordnung, überhaupt darüber nachzudenken, für welchen Preis man den Popel eines anderen essen würde? Oder sollte man grundsätzlich sagen: „So etwas mache ich nicht! Ich bin nicht käuflich!", auch auf die Gefahr hin, dass man für einen abgehackten Zeh zehn Millionen Euro ausschlagen müsste. Wäre das nicht doch eine Überlegung wert? Schließlich ist das so viel Geld, dass man nie wieder arbeiten gehen müsste. Bist du ein Mensch mit Prinzipien und klaren Regeln? Oder passt du dein Verhalten und deine Entscheidung immer wieder an neue Situationen an?

Grundsätzlich - und das wissen auch alle bei mir zu Hause - man muss immer vorsichtig sein, wenn man diese Frage gestellt bekommt: Sie könnte ernst gemeint sein.

Gibt es etwas, von dem du noch weißt, wann du es das erste Mal gemacht hast?

Zwanzig

Es ist erstaunlich, wenn du darüber nachdenkst, dass du alles - ALLES! - irgendwann zum ersten Mal gemacht hast. Und obwohl du alles - wirklich ALLES - irgendwann zum ersten Mal gemacht hast, kannst du dich sicher nicht an alles erinnern. Weißt du noch, wann du das erste Mal einkaufen warst? Oder wann du das erste Mal gekocht hast?

Vielleicht erinnerst du dich auch eher an das, was du zwar irgendwann zum ersten Mal gemacht hast, aber was du danach nie wiederholt hast. Ich weiß noch, wie ich das erste Mal einen Fallschirmsprung gemacht habe. Es blieb aber auch das einzige Mal. (Nicht, weil es mir nicht gefallen hätte - im Gegenteil, der Sprung war toll. Es hat sich einfach nur kein weiterer ergeben.) Ich weiß noch, wie ich das erste Mal mit Atemgerät tauchen war. (War auch großartig, habe ich aber auch nur ein einziges Mal gemacht.) Und ich weiß noch, wie ich das erste Mal gespürt habe, dass Panik ganz langsam meine Beine hochkroch, als ich in einer engen Höhle tief in einem Berg die Gewissheit hatte: Wenn ich jetzt hier am Felsen hängen bleibe, kann mir keiner helfen. (Ich konnte die Panik mit ruhigen Atemzügen wieder kleinkriegen. Höhlen erforschen ist nicht zu meinem Hobby geworden.)

Wie ist es bei dir? An was kannst du dich erinnern? Und hast du schon mal darüber nachgedacht, dass du irgendwann etwas auch zum letzten Mal machen wirst?

Gibt es Zufall?

Einundzwanzig

Hin und wieder passiert mir Folgendes: Ich möchte einen Freund anrufen und nehme mein Telefon in die Hand - da klingelt mein Telefon und genau dieser Freund ist dran. Ich sage: „Das ist aber ein Zufall. Ich wollte dich gerade anrufen!" Er antwortet: „Es gibt keine Zufälle."

Wenn Menschen so etwas sagen, dann meinen sie meistens, dass unser Leben von einer höheren Macht vorbestimmt wird - sei es das Universum, Gott oder die eigenen Eltern. Es gibt eine Vorhersage, die eintreffen wird, egal was du tust. Nichts passiert zufällig, alles hat einen tieferen Sinn. Wenn sich zwei Menschen treffen und daraus eine große Freundschaft entsteht, dann ist das eben kein Zufall, sondern geplant. Von wem auch immer.

Das ist allerdings nicht, was mein Freund meint. Für ihn ist ein Zufall zwar auch das Gegenteil von einem Plan. Er behauptet aber, es gäbe gar keinen Plan von einer höheren Macht. Und wo es keinen Plan gibt, gibt es auch nicht das Gegenteil von einem Plan.

„Ja, ja", antworte ich dann, „vielleicht gibt es keine höhere Macht, aber trotzdem gibt es ja wohl Ordnung und Unordnung, also Plan und Zufall." Wenn ich zum Beispiel auf ein Blatt Papier ganz viele Punkte im gleichen Abstand male, ergibt das ein Muster. Muster erkennen wir überall in der Natur. Es gibt also Pläne. Und das Gegenteil kommt in der Natur auch oft genug vor. Also gibt es auch Zufälle.

„Ja", meint mein Freund, „vielleicht denkst du nur, du erkennst geplante Muster, weil dein Gehirn das so erwartet. In Wirklichkeit könnten diese ‚Muster' auch nur optische Täuschungen sein, die ganz ohne Plan entstanden sind."

„Also doch Zufall", denke ich, antworte aber nur: „Auf jeden Fall schön, dass du angerufen hast."

Lieber gute Noten oder gute Freunde?

Zweiundzwanzig

Manchmal muss man sehr viel Zeit mit Lernen verbringen, um gute Noten zu bekommen. Das kann so viel Zeit sein, dass Freunde sich vernachlässigt fühlen und nichts mehr mit einem zu tun haben wollen.

Mit Noten wird überprüft, ob der Unterrichtsstoff gelernt und verstanden wurde. Wer alles verstanden hat, bekommt eine gute Note. Wer nicht gut gelernt oder etwas nicht verstanden hat, bekommt eine schlechte Note. Mit guten Noten kommt man weiter, schlechte Noten dagegen sorgen für Stress. Denn es kann passieren, dass man eine Klasse wiederholen muss. Noten versprechen, dass die Leistungen aller Schülerinnen und Schüler - auch von verschiedenen Schulen oder aus unterschiedlichen Bundesländern - gut verglichen werden können. Das ist allerdings nur ein sehr oberflächliches Versprechen. Denn gute Noten kann man auch bekommen, wenn man richtig gut pfuschen kann, ohne sich erwischen zu lassen.

Kannst du dir eine Schulzeit ohne Noten vorstellen? Würde dich das vom Lernen abhalten? Würdest du nur für die Fächer lernen, die dich interessieren? Würdest du lieber zur Schule gehen, wenn es keine Noten gäbe - und auch keinen Druck, der von Noten ausgeht?

Wenn ich mir überlege, ob ich lieber gute Noten oder gute Freunde haben würde, ist die Antwort für mich relativ leicht: Gute Freunde können dich trösten, wenn du schlechte Noten hast. Sie können dich auf andere Gedanken bringen, sie können dir sogar den Unterrichtsstoff so erklären, dass du ihn verstehst, um dann eventuell gute Noten zu schreiben. Gute Freunde bleiben dir viel länger erhalten als gute Noten. Niemand hat mich jemals wieder gefragt, mit welcher Note ich mein Abitur gemacht habe. Mal abgesehen von meinen Kindern.

Sollten Kinder wählen dürfen?

Dreiundzwanzig

Kinder dürfen wählen. Zum Beispiel: „Möchtest du lieber Spargel oder Rosenkohl essen?" Das war für mich als Kind eine Wahl zwischen „würg" und „blergh". Schulkinder dürfen ihre Klassensprecher wählen. Und beim Sport dürfen Kinder ihren Teamkapitän wählen. Und manchmal dürfen Kinder sogar eine Telefonnummer wählen. Nur wenn es um Bundestagswahlen geht, müssen sie volljährig - also keine Kinder mehr - sein, damit sie wählen dürfen.

Sobald man 18 Jahre alt geworden ist, gilt man vor dem Gesetz als erwachsen. Man darf von einem Tag auf den anderen alles das machen, was man mit 17 noch nicht durfte: Kaufverträge abschließen, Schnaps trinken, alleine mit dem Auto fahren. (Sollte man nicht in dieser Reihenfolge machen.)

Als Argument, warum man mit 17 oder jünger nicht bei einer Bundestagswahl mitbestimmen darf, wird oft angeführt, dass man noch nicht die nötige geistige Reife dazu hätte. Ich kann aus eigener Erfahrung sagen, dass „die nötige geistige Reife" nicht mit dem 18. Geburtstag plötzlich da ist. Ein weiteres Argument ist, dass Kinder in der Regel keine Ahnung von Politik haben und deshalb natürlich nicht wählen sollten. Dabei gibt es viele Erwachsene, die auch nichts von Politik verstehen und trotzdem wählen dürfen.

Eine solche Wahl entscheidet immerhin über den Weg, den eine Gesellschaft in Zukunft gehen soll - auch wenn mit Zukunft erst mal nur die nächste Wahlperiode gemeint ist. Wäre es da nicht gut, junge Menschen mitentscheiden zu lassen? Schließlich sind sie viel länger von politischen Entscheidungen betroffen, weil sie für gewöhnlich viel mehr Jahre vor sich haben als ältere Menschen. Was meinst du?

24

Wann ist dir langweilig?

Vierundzwanzig

Mir ist langweilig, wenn ich das, was ich mache, nicht mag. Und wenn ich das, was ich mag, nicht mache.

Natürlich wird auch Langeweile wissenschaftlich erforscht. Das klingt langweilig, ist aber sehr interessant. Menschen, die sich mit diesem Gemütszustand professionell beschäftigen, fanden heraus, dass Langeweile gefährlich sein kann, weil sie die Gesundheit schädigt und das Leben um Jahre verkürzt. Gleichzeitig aber ist Langeweile auch sehr wichtig: Gäbe es sie nicht, hätten wir uns als Menschheit nicht so weit entwickeln können.

Wie ganz viele andere Gefühle, muss auch die Langeweile einen Sinn haben. Sonst wäre sie im Lauf der Evolution einfach verschwunden. Das lässt sich gut am Beispiel der Angst erklären: Unter den Vorfahren unserer Vorfahren gab es welche, die keine Angst hatten, und welche, die Angst hatten. Die, die keine Angst hatten, sahen ein Raubtier, liefen nicht weg und wurden gefressen. Die, die Angst hatten, sind allen Raubtieren aus dem Weg gegangen, haben überlebt und viel mehr Nachfahren in die Welt gesetzt. Angst hat geholfen, das Überleben zu sichern, und ist uns bis heute erhalten geblieben. So ist es wahrscheinlich auch mit der Langeweile.

Hinter der Langeweile vermuten Forscher und Forscherinnen übrigens einen unserer wichtigsten Wesenszüge: die Neugier. Langeweile hindert uns daran, immer wieder dasselbe zu tun, und drängt uns, Neues zu erleben und die Welt zu erforschen.

Was denkst du? Ist dir immer dann langweilig, wenn dir eigentlich der Sinn nach etwas Neuem steht?

Was ist besser?
Dumm und
glücklich?
Oder schlau
und traurig?

Fünfundzwanzig

Wenn man diese Frage einfach mal aufteilt in „dumm oder schlau" und „glücklich oder traurig", dann ist das vielleicht ein Weg, sich einer Antwort anzunähern.

Glücklich oder traurig? Es gab mal eine Zeit, da war ich gern traurig. Ich hab mich schwarz angezogen, meine Augen mit dunklem Kajal umrandet und traurige Musik gehört. So komisch es klingt, das hat mich glücklich gemacht. Inzwischen habe ich andere Wege gefunden, mich auszudrücken, aber das Ergebnis ist nach wie vor das gleiche: Glücklich zu sein - im Sinne von „zufrieden" sein -, finde ich sehr erstrebenswert.

Dumm oder schlau? Eigentlich würde ich gern schlau sein. Aber wenn ich ehrlich in mich hineinhorche, dann muss ich leider feststellen: Es gibt so vieles, das ich einfach nicht verstehe. Ich fürchte, auf meine Mensa-Mitgliedschaft kann ich lange warten. (Mensa ist ein Verein für Menschen mit sehr hohem Intelligenzquotient.) Also bin ich wahrscheinlich glücklich und dumm.

Übrigens veröffentlichte im Jahr 2012 die Cambridge University eine Studie, in der untersucht wurde, in welchem Verhältnis Intelligenz und Glück zueinander stehen. Intelligente Menschen sind laut Studie glücklicher als Menschen mit einem unterdurchschnittlichen Intelligenzquotienten. Also keine Sorge: Man kann schlau und glücklich sein! Außerdem: 1n73ll1g3n2 157 d13 Fäh1gk317, 51ch 4n V3ränd3rung3n 4n2up4553n - und das kann auch sehr zufrieden und glücklich machen.

Was ist deine früheste Erinnerung?

Sechsundzwanzig

Unser Gedächtnis ist faszinierend. Noch viel faszinierender aber ist unsere Vorstellung vom Gedächtnis. Viele Menschen glauben, dass Erinnerungen irgendwo im Gehirn gespeichert werden und jederzeit abrufbar sind, wenn man sich an ein Ereignis erinnern möchte. So wie ein Video, das auf einer Festplatte gespeichert ist und das man suchen, öffnen und ansehen kann. Schön wärs!

Die meisten Menschen, die zum Gedächtnis forschen, vermuten, dass das Gehirn ganz anders funktioniert. Zur Erinnerung gehört nicht nur das, was tatsächlich passiert ist, sondern auch deine Interpretation der Ereignisse. Und jedes Mal, wenn du dich an ein Ereignis erinnerst, veränderst du mit dem Erinnern auch deine Erinnerung an dieses Ereignis.

Man kann sich sogar an Ereignisse erinnern, die nie passiert sind. Es gab zum Beispiel Experimente, in denen Menschen Bilder gezeigt wurden, auf denen sie angeblich als Kind zu sehen waren bei einer Fahrt mit einem Heißluftballon. Obwohl keiner dieser Menschen als Kind mit einem Ballon gefahren ist, konnte sich die Hälfte lebhaft an diesen Ausflug erinnern!

Wie unzuverlässig dein Gedächtnis ist, merkst du, wenn dir entfallen ist, wo du deinen Haustürschlüssel hingelegt hast. Oder wenn du versuchst, dich im Supermarkt daran zu erinnern, was du einkaufen solltest.

Eine meiner ältesten Erinnerungen stammt aus der Zeit, als ich ungefähr 3 oder 4 Jahre alt gewesen bin. Im Haus über uns lebte eine alte Dame, Frau Kern, die unsere Ersatzoma war. Wir nannten sie „Omi Kern". Sie machte meiner Schwester und mir abends manchmal Schnittchen mit Quark und Marmelade. Außerdem besaß sie einen Dackel namens „Lumpi".

Was ist die beste Art, Bücher im Regal zu ordnen?

Siebenundzwanzig

Wer jetzt „alphabetisch!" antwortet, dem muss ich sagen: Es gibt so viel mehr Arten, Bücher im Regal zu ordnen.

Aber gut, fangen wir mit alphabetisch an. Nach Buchtitel? Nach Autorenname? Nach Vorname oder Nachname? Die Standardsortierung für kleine private Bücherregale - nach der auch ich meine Bücher lange Zeit geordnet hatte - ist von A nach Z: Nachname, Vorname, Buchtitel. So praktisch wie langweilig.

Interessant zum Ansehen wird so ein Bücherregal, wenn man nach Größe sortiert. Links die ganz großen Bücher, die nach rechts immer kleiner werden. Das wirkt dann so, als wäre das Bücherregal viel breiter. Vor allem, wenn man bei den großen Büchern steht und beim Blick nach rechts den Eindruck hat, die Bücher würden durch die Perspektive kleiner werden.

Ich mag auch die Sortierung nach Farben. Es sieht sehr ordentlich aus, wenn die Bücher wie der Regenbogen im Regal angeordnet sind.

Jede Sortierung lässt sich allerdings schwierig aufrechterhalten, wenn regelmäßig neue Bücher dazukommen. Im schlimmsten Fall musst du ständig umräumen und kommst gar nicht mehr zum Lesen. Da bietet es sich an, die Bücher in der Reihenfolge ins Regal zu stellen, in der du sie gekauft hast. Um dann allerdings nicht den Überblick zu verlieren, solltest du erstens jedem Buch eine Nummer auf den Rücken kleben und zweitens einen Katalog mit Karteikarten anlegen - pro Buch eine Karte. Die lassen sich nämlich viel leichter sortieren als schwere Bücher.

Die Hauptsache ist, dass du am Ende eine Ordnung findest, mit der du selbst etwas anfangen kannst. Und ehrlich gesagt sind die meisten Bücherregale bei mir ein einziges Chaos.

Was verstehen Menschen, die jünger sind als du, noch nicht?

Achtundzwanzig

Es gibt wahrscheinlich sehr viele Dinge, die andere Menschen nicht verstehen, wenn sie noch nicht deine Erfahrungen gemacht haben. Das muss nicht unbedingt etwas mit dem Alter zu tun haben. Ob ich 7 oder 17 oder 37 Jahre alt bin, ich weiß, dass mein Schienbein anfängt zu bluten, wenn ich es beim Fahrradfahren gegen die Pedale ramme. Doch erst mit 37 ist mir aufgefallen, dass die Wunde am Schienbein viel länger braucht, um zu heilen. Vielleicht ist das einer der Gründe, warum ältere Menschen oft sehr viel vorsichtiger sind als jüngere. Sie wissen und haben es am eigenen Körper gespürt, dass man doch nicht so unverwundbar ist, wie man früher immer dachte.

Das ist vielleicht eine der wenigen Sachen, die jüngere Menschen noch nicht verstehen, weil man dafür erst ein bestimmtes Alter erreichen muss: Man ist viel zerbrechlicher, als man glaubt.

Fallen dir noch andere Dinge ein, die man erst lernt, wenn man ein bestimmtes Alter hat? Fallen dir auch Dinge ein, die man eher vergisst oder übersieht, wenn man älter wird?

Was war die wichtigste Erfindung der Menschheit?

Neunundzwanzig

Das ist eine sehr schwierige Frage, denn alles, was von Menschen herge-
stellt wird, ist irgendwann mal von einem Menschen erfunden oder entdeckt worden.

Es gibt Erfindungen, die sind aus Faulheit entstanden: Mit einer
Archimedes-Schraube lässt sich viel leichter Wasser transportieren, als
wenn man Eimer für Eimer tragen müsste. Andere Erfinder nehmen sich
die Natur zum Vorbild und überlegen, wie sie bestimmte Phänomene
nachbauen können. Das nennt sich Bionik. Ein Beispiel dafür ist der Lo-
tos-Effekt: Bei der Lotos-Pflanze perlt Wasser vom Blatt in Tropfen ab und
nimmt gleichzeitig Schmutz mit.

Ein Großteil der Dinge, die neu erfunden oder entwickelt werden,
basiert auf Erfindungen, die vorher gemacht worden sind. Und diese wiederum auf Erfindungen, die davor gemacht worden sind. Und immer so
weiter. Ist das Auto eine wichtigere Erfindung als das Rad? Ohne das Rad
hätte es wahrscheinlich niemals Kutschen gegeben. Und ohne Kutschen
keine Autos. Lassen sich alle Erfindungen zurückverfolgen auf die eine
wichtigste Erfindung? Das wäre vielleicht die Bändigung des Feuers. Damit wurde Kochen möglich - und die Entwicklung der Menschheit trennte
sich ab von der aller anderen Tierarten. Tatsächlich gibt es Forscher und
Forscherinnen, die das Kochen für das Wachstum unseres Hirns verant-
wortlich machen.

Vielleicht ist am Ende die wichtigste menschliche Entdeckung die Er-
kenntnis, dass wir aus zwei Dingen, die nichts miteinander zu tun haben,
etwas völlig Neues entwickeln können, das es vorher noch nicht gegeben
hat. Was hast du schon mal erfunden? Gibt es etwas, das du erfinden
möchtest? Fehlt dir eine wichtige Erfindung?

Was weißt du, das du nicht beweisen kannst?

Dreißig

Also ich weiß, dass ein Geräusch immer noch ein Geräusch ist, selbst wenn niemand es hört. Aber beweisen kann ich es nicht. Geräusche sind ja nichts anderes als Druckschwankungen. Wenn zum Beispiel ein Baum umfällt, dann bewegen sich dadurch Luftteilchen. Die Bewegung der Luftteilchen stößt wiederum Luftteilchen in ihrer Nähe an. Und immer so weiter, bis irgendwann die Luftteilchen in meinem Ohr von dieser Bewegung angestoßen werden und mein Trommelfell zum Schwingen bringen. Dadurch wird ein komplizierter Mechanismus im Ohr in Gang gesetzt, der dafür sorgt, dass Nervenimpulse an mein Gehirn gesendet werden. Das Gehirn nimmt diese Reize als das Geräusch eines umstürzenden Baums wahr. Und ich springe im besten Fall früh genug zur Seite, damit der Baum mich nicht erwischt.

Beweisen kann ich das alles nicht. Wie das Hören und der Rest der Wahrnehmung funktioniert, habe ich in vielen Büchern gelesen und von vielen Menschen, die sich damit auskennen, erklärt bekommen. Es ist plausibel und nachvollziehbar, aber kein Beweis.

Natürlich kann ich auch nicht beweisen, dass ein umstürzender Baum ein Geräusch macht, wenn niemand in der Nähe ist, um es zu hören. Denn selbst wenn ich ein Mikrofon aufbauen würde, um das Geräusch aufzunehmen – sobald ich die Aufnahme kontrolliere, höre ich ja das Geräusch. Und sobald ich das Geräusch gehört habe, kann ich nicht (mehr) sagen, dass es ein Geräusch gibt, wenn niemand es hört. Denn ich habe es ja gehört. Verzwickte Sache. Aber wer weiß, vielleicht benötigt man ja tatsächlich jemanden, der ein Geräusch hört, damit die Bewegungen der Luftmoleküle nicht nur Bewegungen bleiben, sondern Geräusche werden. Was meinst du?

Was würdest du gern lernen?

Einunddreißig

Meine erste Antwort war: alles. Aber da wären ja dann bestimmt auch ziemlich langweilige Dinge dabei, und ich weiß, dass mein Gehirn kein Interesse an langweiligen Dingen hat. Das wäre dann ziemliche Zeitverschwendung. Also möchte ich doch nicht alles lernen, sondern nur die Sachen, die ich interessant finde. Das ist natürlich auch ein bisschen beschränkt. Denn es könnte ja sein, dass ich jetzt etwas total uninteressant finde, aber merke, nachdem ich mich mit einer vermeintlich langweiligen Sache beschäftigt habe, wie wahnsinnig spannend sie ist.

Was ich wirklich gern lernen würde: Die Fähigkeit, mich aufzuraffen und mich selbst zu motivieren, weiterzumachen, selbst wenn mir etwas auf den ersten Blick total sinnlos und langweilig vorkommt. Und - auch total wichtig - die Fähigkeit, sicher zu erkennen, wann es sich absolut nicht lohnt, mich aufzuraffen und mich selbst zu motivieren, weiterzumachen.

Abgesehen von diesen Gedanken - was ich wirklich gern können möchte, ist auf Anhieb zu furzen. Ich weiß, dass das eine total sinnlose Fähigkeit ist. Ich weiß aber auch, dass es mir unglaublichen Spaß machen würde, im vollen Aufzug einen fahren zu lassen und mich dann zu einem meiner Mitfahrer zu drehen und vorwurfsvoll zu sagen: „Muss das sein?" Furzwitze gehen immer.

Welche Superkraft hättest du gern?

Zweiunddreißig

Mal abgesehen davon, welche Superhelden und Superschurken du magst oder verabscheust - es gibt wahrscheinlich keine Superkraft, die nicht in irgendeinem Comic oder Film vorkommen würde. Fliegen? Wonder Woman. Zeitreisen? Der Doktor. Richtig-wütend-Sein? Mr. Furious.

Manche Superkräfte sind mächtiger als andere. Wenn zum Beispiel Invisible Boy sagt, er könne sich unsichtbar machen - aber nur wenn keiner hinguckt, dann ist der Wow-Faktor bei Weitem nicht so groß wie bei Roter Blitz, dem schnellsten Menschen der Welt. (Fun-Fact: „Roter Blitz" heißt im Original „The Flash" und hatte ein Logo mit gelbem Blitz. Kein Superheld ist perfekt.)

Wenn ich mir eine Superkraft aussuchen könnte, dann die Fähigkeit, die Kräfte anderer Superhelden aufzunehmen und nachzuahmen. Wenn ich also jemanden treffe, der einen Röntgenblick hat, hätte ich den auch. Wenn ich jemanden treffe, der durch Wände gehen kann, könnte ich das auch. Wenn ich jemanden treffe, der Spinnenfäden aus seinen Handgelenken schießen kann, könnte ich das auch. Das einzige Problem, das ich sehe: Was, wenn es außer mir keine anderen Superhelden gäbe. Dann wäre meine Peter-Petrelli-mäßige empathische Nachahmung nichts wert.

Es gibt noch eine andere Superkraft, die ich allerdings so noch nie in einem Comic oder einem Film gesehen hab, die mir aber trotzdem sehr gut gefallen würde. Ich möchte gern jede Sprache, die es gibt, verstehen und sprechen können. Nicht nur menschliche Sprachen. Auch die Sprache von Tieren. Und die Sprache von Außerirdischen - falls es sie gibt. Ich wäre mein eigener Babelfisch. „'oH tlh!"[5]

Welches Monster ist am erschreckendsten?

Dreiunddreißig

Ich liebe Monster. Ich bin mit ihnen aufgewachsen. Wir hatten bei uns zu Hause viele Monster: in Büchern, in Hörspielen und unter meinem Bett. Natürlich muss ich zugeben, dass mein Verhältnis zu Monstern auch deshalb so unbeschwert ist, weil ich bisher noch keinem echten begegnet bin. Und wenn, dann habe ich es nicht bemerkt.

Es gibt so viele verschiedene Monster, dass es mir total schwerfällt, mich für eins zu entscheiden, das ich am erschreckendsten finde. Grundsätzlich sollten alle Monster Angst machen. Es sind schließlich Kreaturen, die so eine Zerstörungskraft haben, dass sie dich oder gleich die ganze Welt bedrohen und auslöschen können.

Monster in Filmen und Büchern und Spielen sind wie Achterbahnfahren: Du hast Todesangst, weißt aber gleichzeitig, dass dir nichts passieren kann. Du übst regelrecht, Angst zu haben. Kommst du dann im echten Leben in eine Situation, die wirklich gefährlich ist, kannst du dank dieses Trainings im besten Fall etwas bedachter reagieren, als wenn dich die Panik komplett überwältigt.

Welche Ungeheuer du als besonders furchteinflößend empfindest, hat viel mit den Eigenschaften des Monsters zu tun. Ist es schnell? Kräftig? Kann es sich tarnen oder verwandeln? Aber vielleicht findest du die Monster am erschreckendsten, von denen du nicht weißt, wie du sie unschädlich machen kannst? Und die besten Monstergeschichten sind die, in denen die Heldin am Ende doch noch einen Weg findet. Oder? (Manchmal mag ich es auch, wenn das Monster gewinnt.)

Wenn du in einem
anderen Land leben
könntest,
welches würdest du
dir aussuchen?

Vierunddreißig

Für „Die Sendung mit der Maus" durfte ich in den vergangenen Jahren viele verschiedene Länder bereisen. In den Hauptstädten dieser Länder haben wir jeweils eine Familie besucht und uns angeschaut, wie sie lebt, wie die Kinder zur Schule gehen, wie die Familie einkauft und vieles mehr. Das Tolle an diesen Reisen war, fremde Länder nicht aus der Sicht eines Touristen kennenzulernen, sondern aus der Sicht eines Einheimischen. Das ist ein nicht zu unterschätzender Vorteil: Meistens hat man bei kurzen Urlaubsreisen gar nicht die Zeit und die Gelegenheit, das Land und die Menschen richtig kennenzulernen.

Gibt es ein Land, in dem du schon öfter warst? Oder in das du am liebsten hinfährst? Kannst du schon die Sprache dort sprechen? Oder würdest du sie gern lernen? Welches Klima gefällt dir am besten? Hitze oder Kälte? Und welche Landschaft? Berge oder Meer? Oder würdest du am liebsten in einem Land leben, das es gar nicht gibt - wie zum Beispiel „Narnia", „Mittelerde" oder „Schlaraffenland"?

Es gibt übrigens zwei Länder, in denen ich für „Die Sendung mit der Maus" war, die ich noch mal besucht habe: das Vereinigte Königreich und Island. Beides Länder, die auf den ersten Blick eher schroff und nicht besonders einladend wirken, die mich aber vielleicht genau deshalb ansprechen: Die wollen entdeckt werden und servieren einem nicht ungefragt ihre tollen Seiten. Das finde ich sehr sympathisch.

Wenn du in irgendeiner Zeitperiode leben könntest, welche wäre das?

Fünfunddreißig

Für immer? Oder nur für einen Tag? Alleine oder mit ein paar von deinen Freunden oder deiner Familie? Das kannst du dir aussuchen.

Es gibt so viele verschiedene Zeitperioden, dass es mir schwerfällt, mich für eine zu entscheiden. Möchte ich in der modernen Zeit leben, in der es schon Elektrizität und Supermärkte gibt? Oder wäre die Zeit der großen Entdeckungen spannender, wenn ich zum Beispiel mit Charles Darwin auf der „HMS Beagle" über die Weltmeere segeln könnte oder mit Alexander von Humboldt Südamerika erkunden würde?

Oder wäre eine Zeit wie das Mittelalter spannender? Zu den Wikingern? Oder zu den Maya nach Mittelamerika? Oder noch weiter zurück in die Antike zu den Römern oder den Griechen? Oder zu den Ägyptern? Die Epoche der ägyptischen Herrscher ist übrigens sehr lang. Sie erstreckt sich über einige Tausend Jahre. Kleopatra zum Beispiel, die letzte ägyptische Pharaonin, ist zeitlich gesehen uns näher als dem Bau der Pyramiden von Gizeh. Oder noch weiter zurück in die Zeit, als es noch keine Menschen gab? Vielleicht zu den Dinosauriern - obwohl das natürlich eine sehr, sehr weite Zeitspanne ist von ungefähr 169 Millionen Jahren.

Ich hätte ganz gern zur Zeit der ersten Mondlandung gelebt, als alles möglich schien und für viele Menschen der Weltraum die letzte große Herausforderung war.

Aber vielleicht ist die Zeit, in der wir jetzt leben, die beste, die es gibt? Was meinst du?

Wer muss den Maibaum wegbringen? Der Schenkende oder die Beschenkte?

Sechsunddreißig

Wo ich wohne, gibt es den Brauch, in der Nacht zum ersten Mai dem Menschen, den man liebt, ein kleines Birkenbäumchen vors Fenster zu stellen. Meistens hängen an den Bäumen bunte Bänder aus Krepppapier. Nach dem 1. Mai zähle ich immer, wie viele geschmückte Liebesbeweise es in unserer Gegend gibt.

Schon nach einigen Tagen sehen die bunten Bänder meistens ziemlich zerfetzt aus. Auch die Bäume machen nach spätestens vier Wochen einen trostlosen Eindruck. Und wenn ich im September immer noch Baumleichen an Fenstern lehnen sehe, frage ich mich: Wer muss die eigentlich auf den Müll bringen? So ein Baum ist ja ein Geschenk. Wenn ich etwas geschenkt bekomme, dann bekomme ich ja auch Verantwortung für das Geschenk übertragen. Allerdings schlafen die meisten Baumbeschenkten ja, während die Bäume aufgestellt werden, und können das Geschenk gar nicht richtig annehmen. Vielleicht wollen viele gar keinen Maibaum. Und dann sollen sie sich auch noch darum kümmern, dass die Bäume in die richtige Mülltonne kommen?

Wo ich wohne, gibt es eine klare Regelung: Derjenige, der den Baum aufgestellt hat, sollte ihn spätestens Ende Mai wieder abbauen, abschmücken und wie Grünschnitt entsorgen. Wenn das nicht gemacht wird und der Baum auf einem Privatgrundstück vor sich hinrottet, dann muss die Beschenkte den Baum selbst in den Müll bringen. Steht der Baum dagegen auf der Straße, rückt die Müllabfuhr an und kümmert sich um ihn.

Etwas zu verschenken, das auf jeden Fall weggeworfen wird, ist ein seltsamer Brauch und ein eigenartiger Liebesbeweis. Da muss es doch bessere Geschenke geben, oder?

Hast du ein Lieblingswort?

Siebenunddreißig

Ist dein Lieblingswort vielleicht ein Name? Oder hast du dir selbst ein Wort ausgedacht? Manchmal verhörst du dich und erfindest plötzlich ein neues Wort. Oder du hast Schwierigkeiten, ein Wort auszusprechen und die missglückten Versuche erzeugen ein neues Wort. Das könnte ein Lieblingswort werden. ‚Luffabong' zum Beispiel, wenn man erst 3 Jahre alt ist und Schwierigkeiten hat, Luftballon zu sagen. Oder man verändert absichtlich die Buchstabenreihenfolge. Aus Beißschiene - so etwas trage ich nachts, damit ich nicht mit den Zähnen knirsche - wird dann ganz schnell Scheißbiene. Ist dein Lieblingswort deshalb dein Lieblingswort, weil du es gern schreibst? Oder weil du es gern sprichst?

Es gibt Wörter, die hüpfen einem kurz auf der Zunge herum, bevor sie aus dem Mund springen. Schnirkelschnecke ist für mich so ein Wort. Schnirkelschnecken sind Schnecken mit Schneckenhaus.

Die liebsten Wörter, die ich habe, sind selbst ausgedacht. Das ist ja das Tolle an Sprache: Wenn dir ein Wort fehlt, dann kannst du es einfach erfinden. Das können zusammengesetzte Wörter sein, die einen neuen Sinn ergeben. Wenn du zum Beispiel ausdrücken möchtest, wie erleichtert du bist, dass die Sonne nicht scheint, weil du so ohne schlechtes Gewissen drinnen bleiben kannst, sagst du: „Ich bin sehr wetterleichtert."

Hat dir schon mal ein Wort gefehlt? Und hast du dir dann eins ausgedacht? Haben andere Menschen das Wort von dir übernommen und benutzen es vielleicht heute noch?

Ist das Glas halb voll oder halb leer?

Achtunddreißig

Natürlich ist so ein Glas, das nur zur Hälfte mit Wasser gefüllt ist, trotzdem komplett voll: Unten ist Wasser und darüber ist bis zum Rand Luft im Glas! Nur weil man die Luft nicht wahrnimmt, heißt es nicht, dass sie nicht da ist.

Aber zurück zur Frage – und dabei ignoriere ich jetzt einfach mal die Luft im Glas und konzentriere mich nur aufs Wasser. Halb voll oder halb leer? Das liegt daran, ob man eher sieht, was man hat. Oder ob man eher sieht, was einem fehlt. Wenn ich mich darauf konzentriere, was ich habe, dann fällt es mir leichter, zufrieden zu sein. Wenn ich dagegen vor allem die Dinge bemerke, die mir fehlen, kann das wie ein Ziel sein, das ich erreichen möchte. Und dieses Ziel zu erreichen, kann mich glücklich und zufrieden machen.

Wie man ein halb gefülltes Glas beurteilt, kann auch vom Alter abhängen. Als ich 5 Jahre alt war, war die Welt für mich voller Geschenke. Ich sah vor allem das, was ich hatte. Da war das Glas halb voll. Als ich 15 Jahre alt war und meine Tage aus Teenage-Angst und Weltschmerz bestanden, und ich überall gesehen habe, was falsch läuft, da war das Glas halb leer. Mit 25 wusste ich nicht, was ich machen sollte. Ich war total ratlos und hatte keinen Plan, wie der Rest meines Lebens aussehen sollte. Ich konnte mich nicht mal entscheiden, ob das Glas jetzt halb voll oder halb leer war. Es fühlte sich mal so, mal so an. Jetzt habe ich ein Alter erreicht, in dem es für mich keinen Unterschied macht, ob das Glas halb voll oder halb leer ist – ich stelle einfach ein paar Blumen rein und freue mich, dass ich eine kleine Vase mit Wasser gefunden habe.

Ketchup? Mayo? Oder Senf?

Neununddreißig

Sich bei zwei Möglichkeiten für eine zu entscheiden, ist für viele Menschen schon eine große Herausforderung. Bei drei Optionen ist das ein Ding der Unmöglichkeit. Und noch viel lustiger wird es, wenn man sich als Gruppe für nur eine Möglichkeit entscheiden muss.

Wenn ich mich mit Freunden treffe, dann kann es schon mal vorkommen, dass wir Sandwichs machen, uns aber für Ketchup oder Mayo als Soße entscheiden, damit das Essen schneller fertig ist. Jeder in der Gruppe kann eine Stimme abgeben. Am Ende wollen zum Beispiel fünf Leute Ketchup - K K K K K -, vier Mayo - M M M M. Dann ist klar: Für die gesamte Gruppe ist Ketchup die beste Wahl.

Wenn Senf als dritte Auswahlmöglichkeit dazukommt, wird es lustig. Angenommen die vier Mayo-Anhänger bleiben bei ihrer ersten Wahl, weil für sie nichts über Mayo geht. Drei der Ketchup-Liebhaber bleiben bei Ketchup, aber die restlichen zwei sind Fans von Senf und entscheiden sich um. Dann sieht die Stimmverteilung so aus: S S K K K M M M M. Mayo hat auf einmal gewonnen!

Das Seltsame daran ist: Zuerst hatte sich die Mehrheit in der Gruppe für Ketchup entschieden. Dann kam eine dritte Wahlmöglichkeit dazu. Und das hatte zur Folge, dass die Gruppenmeinung sich änderte, jedoch nicht auf die neue Option Senf, sondern von Ketchup auf Mayo! Obwohl die meisten in der Gruppe Mayo eigentlich gar nicht haben wollten. Verrückt, oder? Dieses Phänomen ist ein Wahl-Paradoxon. Man kann ordentlich für Verwirrung sorgen, wenn man bei den Wahlen zum Elternvertreter oder zur Klassensprecherin auf einmal eine dritte Wahlmöglichkeit anbietet.

Übrigens, wenn es möglich ist, entscheide ich mich meistens für Ketchup, Mayo und Senf.

40

Was ist deine Glückszahl?

Vierzig

Eine Glückszahl kann eine Zahl sein, die einem gute Laune macht. Das kann daran liegen, dass man mit dieser Zahl schon mal etwas gewonnen hat. Vielleicht hast du bei einer Tombola ein Los gezogen, das dir genau den Preis gebracht hat, den du haben wolltest. Eine Glückszahl kann auch die Nummer des Hauses sein, in dem du viele schöne Momente erlebt hast. Eine Glückszahl kann auch die Telefonnummer des Menschen sein, in den du verliebt bist.

Es kann auch die Quersumme der Telefonnummer sein. Eine Quersumme ist, wenn du alle Ziffern einer großen Zahl zusammenzählst. Die Quersumme von 123456789 ist 1+2+3+4+5+6+7+8+9 also 45. Eine Glückszahl kann auch der Anfangsbuchstabe deines Namens sein. Wenn du Ralph heißt, wäre das die 18, weil das R der 18. Buchstabe im Alphabet ist. (Mit Zahlen und Buchstaben kann man viel Spaß haben: Wenn ich aus den Ziffern der 18 wieder Buchstaben mache, habe ich ein A und ein H. Und wie heißt die Sendung, die ich schon sehr lange mache? Ah!) Eine Glückszahl kann auch dein Geburtstag sein. Bist du zum Beispiel an einem 14. geboren, ist das vielleicht deine Glückszahl. Wenn dein Name dann noch mit N anfängt ...

Es gibt auch Zahlen, die sehen gar nicht aus wie Zahlen. Zum Beispiel Φ - wird „phi" ausgesprochen. Die Zahl Φ fängt an mit 1,618 und hört niemals auf. Ich könnte den Rest des Buchs vollschreiben mit den Nachkommastellen von Φ und es gäbe kein Muster und keine Wiederholung der Ziffernfolge. Meine Glückszahl ist Φ, weil alle Menschen, die mich sehr mögen, immer schon „Ralphi" zu mir gesagt haben. Dass es solche Menschen gibt, macht mich sehr glücklich.

Wie ist es bei dir?

Was wirst du niemals mögen?

Einundvierzig

Ist es eine Farbe, so wie Rosa? Ein Geräusch wie Kreidequietschen auf
einer Tafel? Ist es ein Gedanke? An die Klassenarbeit morgen - und du
hast nicht genügend gelernt? Ein Geschmack? Ein Geruch? Ein Hund aus
der Nachbarschaft, der ständig kläfft, wenn er dich sieht? Wirst du vielleicht niemals mögen, wie deine Tante dir in die Wange kneift und sagt:
„Du bist aber groß geworden!"

Bei mir ist es Rosenkohl. Ich hasse Rosenkohl. Dieser bittere Nach-
geschmack, der alle schönen Erinnerungen auslöscht und der sich nicht
einmal mit der dicksten Soße von der Zunge spülen lässt. Rosenkohl
klingt so schön, aber der Geschmack ist das genaue Gegenteil. Schon als
Kind habe ich Rosenkohl überhaupt nicht gemocht. Vor ein paar Jahren
dachte ich, dass ich jetzt älter bin und sich mein Geschmack vielleicht
verändert hat. Deshalb wollte ich Rosenkohl noch mal eine Chance geben.
Hat sich nicht gelohnt. Dieses Gemüse werde ich niemals mögen.

Und was ich auch nicht mag: Wenn man Äpfel schneidet auf einem
Brettchen, auf dem vorher jemand anders Zwiebeln geschnitten hat.
Dann haben die Äpfel nämlich einen Zwiebelbeigeschmack. Schlimm.

Kann sich das, was man nicht mag, eigentlich ändern? Gibt es Dinge,
von denen du dachtest, du würdest sie niemals mögen, die du jetzt eigentlich ganz in Ordnung findest?

Wo sind alle?

Zweiundvierzig

Hast du schon mal abends in den Sternenhimmel geschaut und dich gefragt: Wo sind die Außerirdischen? Es gibt allein in unserer Galaxis, der
Milchstraße - das ist das milchige Band, das man manchmal schwach
am Nachthimmel sieht -, viele Milliarden Sterne. All diese Sterne sind so
wie unsere Sonne. Und die Milchstraße ist nur eine von ungefähr zwei
Billionen Galaxien im sichtbaren Universum. Bei so unvorstellbar vielen
Sternen muss es doch wenigstens noch einen Planeten geben, auf dem
sich auch intelligentes Leben entwickelt hat, so wie hier auf der Erde?
Und wenn es irgendwo eine Zivilisation gibt, die vielleicht durchs Weltall
reist und andere Planeten besiedelt, warum haben wir bisher nirgendwo
irgendwelche Lebenszeichen entdeckt?

Diese Frage hat sich Enrico Fermi schon im Jahr 1950 gestellt: „Wo
sind alle?"[6] Er fand es total seltsam, dass es doch eigentlich außerirdische
Wesen geben sollte, wir aber noch keine Spur von ihnen entdeckt haben.
Sind wir vielleicht wirklich allein im ganzen Universum? Ist es so unwahr-
scheinlich, dass sich intelligentes Leben entwickeln kann, weil dafür so
viele verschiedene Bedingungen erfüllt sein müssen?

Kannst du dir vorstellen, dass wir irgendwann auf außerirdisches
Leben treffen? Oder ist das Universum einfach zu groß?

Geschenke überreichen: lieber sofort oder warten bis zum Geburtstag?

Dreiundvierzig

Wenn ich jemandem ein Geschenk zum Geburtstag kaufe oder zu Weihnachten oder zu irgendeinem anderen Anlass, dann fällt es mir sehr schwer zu warten, bis der Feiertag da ist.

Es fängt harmlos an mit Sätzen wie: „Ich hab ein ganz tolles Geschenk für dich." Geht dann über in: „Soll ich dir einen Tipp geben, was es ist?" Und endet in der Regel mit: „Ach, auch wenn dein Geburtstag erst in drei Wochen ist - ich schenke es dir jetzt schon." Und dann gibt es eine verfrühte Bescherung, die sich doppelt schön anfühlt, weil ja niemand damit gerechnet hat, jetzt in diesem Moment ein Geschenk zu bekommen.

Ich bin ein schlechter Schenker. Denn das Warten und die Vorfreude gehören doch auch zu einem guten Geschenk.

Vor einiger Zeit habe ich wieder mal darüber nachgedacht, warum ich Geschenke nicht bis zum Feiertag für mich behalten kann. Der einzige nachvollziehbare Grund, der mir eingefallen ist, lautet: Weltuntergang. Mal angenommen, das Geschenk, das ich gekauft habe, macht den Menschen, der es bekommen wird, unglaublich glücklich. Und weiter angenommen, in der Zeit zwischen dem Besorgen und dem Überreichen des Geschenks geht die Welt unter. Dann wäre es doch wirklich schade, wenn ich die Gelegenheit, einem anderen Menschen eine Freude zu machen, ungenutzt gelassen hätte. Diese Begründung für vorzeitiges Schenken hat mich mit allen versöhnt, die immer etwas irritiert geguckt haben, wenn ich ihnen am ersten Advent schon die Weihnachtsgeschenke überreicht habe.

Geschenk ist Geschenk - egal, wann du es bekommst. Und eine Überraschung ist doch viel überraschender, wenn du nicht damit rechnest. Oder wie siehst du das?

Sieht das Gelb,
das du siehst, so
aus wie das Gelb,
das ich sehe?

Vierundvierzig

Diese Frage gilt natürlich für alle Farben. Eigentlich geht man doch davon aus, dass ein und dieselbe Farbe für verschiedene Menschen genau gleich aussieht. Wenn ich auf eine Banane zeige und sage: „Schönes Gelb!", würde niemand skeptisch die Augenbrauen hochziehen. Im Gegenteil. Und doch ist die Frage gar nicht so abwegig, wenn man sich überlegt, wie wir Farben wahrnehmen.

Weißes Licht, wie das Licht der Sonne, enthält alle Farben, die man im Regenbogen sehen kann. Wenn Licht zum Beispiel auf eine Banane fällt, dann wirft die Banane hauptsächlich den gelben Teil des Sonnenlichts zurück. Dieses gelbe Licht trifft unser Auge und reizt darin bestimmte Zellen, die Zapfen genannt werden. Die Zapfen geben diesen Reiz über den Sehnerv ans Gehirn weiter. Und das Gehirn „sieht" eine gelbe Banane. Das heißt, Farben - so wie wir sie wahrnehmen - entstehen erst in unserem Kopf!

Natürlich kann man sagen, dass gelbes Licht ungefähr eine Wellenlänge zwischen 560 und 590 Nanometer hat. Und dass diese Wellenlänge hauptsächlich zwei von drei Zapfenarten reizt, die wir in unseren Augen haben, nämlich die Zapfen, die für grün und rot zuständig sind. Aber dass mein Gelb so ist wie dein Gelb - kann man sich da sicher sein?

Tatsächlich gibt es Menschen, bei denen eine oder mehrere Zapfenarten nicht funktionieren. Deshalb kommen die Lichtreize von bestimmten Wellenlängen ganz anders im Gehirn an. Grün ist dann zum Beispiel nicht von Rot zu unterscheiden. Umgekehrt kommt auch Folgendes vor: Es gibt ganz wenige Frauen und das kommt genetisch bedingt nur bei Frauen vor -, die eine Zapfenart mehr haben und Farben viel umfangreicher wahrnehmen können als die meisten anderen Menschen.

Sparen oder ausgeben?

Fünfundvierzig

Beides!

Beides geht nur leider nicht. Man kann nicht gleichzeitig Geld ausgeben und Geld sparen. Im Englischen gibt es die Redewendung „You can't have your cake and eat it, too". Auf Deutsch ungefähr: Es geht nicht, Kuchen zu haben und Kuchen zu essen. Was bedeutet: Wenn du deinen Kuchen gegessen hast, dann hast du keinen Kuchen mehr.

Wozu braucht man Geld? In erster Linie, um Sachen zu kaufen. Man kann es natürlich auch verleihen, falls sich jemand anderes etwas kaufen möchte, selber aber nicht genug Geld hat. Außerdem ist Geld dazu geeignet, die unterschiedlichsten Dinge und Dienste zu vergleichen. Ein richtig großes Eis zum Beispiel kann denselben Geldwert haben wie einmal Rasenmähen. Wenn du den Rasen gemäht hast, könntest du direkt mit Eis bezahlt werden. Das hat allerdings den Nachteil, dass du es auch relativ schnell essen musst, sonst ist es nämlich weggeschmolzen. Geld ist da ein guter Weg, den Wert des Rasenmähens so lange „zwischenzuspeichern", bis du bereit für Eis bist. Und natürlich kannst du mehrmals Rasenmähen und das Geld sparen, um dann alle deine Freunde und Freundinnen auf ein Eis einzuladen.

Am Ende hat Geld aber nur dann einen Sinn, wenn man es irgendwann ausgibt. Wenn das Geld ohne Sinn oder großes Sparziel einfach nur herumliegt, ob unter der Matratze oder auf dem Bankkonto, dann hat man nicht viel davon. Außer man ist Numismatiker - also Münzsammler - und freut sich daran, wie das Geld aussieht.

Was sind drei
Dinge, die du bei
einem Feuer
zu Hause retten
würdest?

Sechsundvierzig

Die Menschen und Haustiere sind in Sicherheit. Welche von den vielen Dingen um mich herum will ich retten? Vieles davon ist ehrlich gesagt nicht wichtig. Und das Wichtige lässt sich grob in drei Gruppen einteilen: Praktisches, Wertvolles und Sentimentales.

Zu den praktischen Sachen gehören zum Beispiel wichtige Dokumente wie Ausweise, Geburtsurkunden und Zeugnisse. Praktisch deshalb, weil das Leben leichter ist, wenn ich diese Unterlagen nicht neu besorgen muss. Das kann nämlich sehr anstrengend sein. Die wertvollen Gegenstände sind Schmuckstücke, die teuer oder selten sind, aber auch Computer oder Instrumente. Und zum Sentimentalen gehört alles, was ich mit einer besonderen Erinnerung verbinde, beispielsweise Fotoalben, Kuscheltiere oder dieser billige Plastikring, den ich zusammen mit meiner besten Freundin im Urlaub gekauft habe. Es gibt auch Dinge, die zu mehreren der drei Gruppen gehören.

Was würdest du sofort mitnehmen? Was bedeutet dir viel? Was ist dir egal? Und wenn es dir egal ist, warum besitzt du es dann überhaupt? Es ist gut, darüber nachzudenken, bevor das Feuer ausbricht.

Wenn dir diese Frage leicht vorkommt und dir sofort klar ist, was du aus dem brennenden Haus retten würdest, dann scheinst du genau zu wissen, was dir wichtig ist. Das ist toll! Viele Menschen verlieren diese Fähigkeit im Lauf ihres Lebens. Sie denken vielleicht, dass man umso glücklicher ist, je mehr man besitzt. Ist das wirklich so? Ich bin da eher auf der Seite von C. S. Lewis, der „Die Chroniken von Narnia" geschrieben hat. Er sagte: „Häng dein Glück nicht an etwas, das du verlieren könntest."[7]

Ich würde übrigens meinen Computer retten: Der gehört zu allen drei Gruppen.

Welchen Geruch verbindest du am stärksten mit deiner Schule?

Siebenundvierzig

Bei uns in der Schule wurden manchmal Arbeitsblätter verteilt, die eine leicht verwaschene blaue Farbe hatten und einen frischen, gleichzeitig aber auch etwas abstoßenden Geruch verströmten. Der verflog ziemlich schnell, aber er ist mir immer noch im Gedächtnis. Das waren Blätter aus einem Matrizendrucker. Solche Drucker waren weit verbreitet, bevor es Kopierer gab.

Der Geruchssinn ist ein sehr alter Sinn. Das heißt, schon unsere Vorfahren haben sich darauf verlassen, dass ihre Nase sie warnt, wenn es irgendwo brennt oder wenn Essen ungenießbar ist. Auch viele Tiere vertrauen auf den Geruchssinn, wenn es darum geht, zum Beispiel festzustellen, wer zur Familie gehört. Nicht umsonst heißt es, man kann sich „gut riechen", wenn man sich mag.

Gerüche werden überwiegend in einem Gehirnbereich verarbeitet, der sehr eng verknüpft ist mit den Bereichen für Gefühle und Erinnerungen. Deshalb lösen Erinnerungen, die du mit Gerüchen verbindest, ganz schnell auch die Gefühle aus, die du das erste Mal bei diesem Duft gespürt hast. Gerüche sind wie eine Zeitmaschine.

Es gibt Kindergärten, die versuchen, neue Gerüche mit positiven Gefühlen zu verbinden. Für die Vorschulkinder werden deshalb Schnupperstunden in Grundschulen veranstaltet. Das bedeutet, wenn die Schule leer ist und alle Grundschulkinder nach Hause gegangen sind, besuchen die Kindergartenkinder die Schule und beschnuppern sie. Sie versuchen zu riechen, welche Gerüche es dort gibt, und lernen so den Ort kennen. Gleichzeitig überlegen sie sich Fragen, die sie den Schulkindern bei einem zweiten Besuch stellen können.

Lösen die Gerüche deiner Schule schöne oder scheußliche Gefühle bei dir aus?

48

Wenn du es dir aussuchen könntest, wie würdest du gern heißen?

Achtundvierzig

Es ist wirklich gemein: Da ist man noch nicht mal auf der Welt, keiner kennt einen und trotzdem bekommt man einen Namen, der vielleicht gar nicht zu einem passt.

Ich weiß, dass ich im Kindergarten am liebsten John geheißen hätte. In meinen Ohren klang dieser Name groß und waghalsig und nach Abenteuer. Von allem war ich weit entfernt. Stattdessen nannten mich alle Ralph. Als ich in den USA lebte, war das Erste, was ich über meinen Namen lernte, dass er gern als Verb benutzt wird und „kotzen" bedeutet. Da wünscht man sich doch, ein Däne zu sein. In Dänemark können sich die Leute nämlich ziemlich leicht einen neuen Namen geben. In Deutschland ist es dagegen nahezu unmöglich, zu ändern, wie man heißt. Das geht beim Nachnamen nur mit wichtigem Grund, wenn er zum Beispiel anstößig ist oder lächerlich klingt oder alle Schwierigkeiten haben, ihn auszusprechen oder zu schreiben. Und natürlich geht es, wenn man heiratet. Beim Vornamen aber hat man keine Chance.

Namen können einen tieferen Sinn haben. Von den Römern kommt die Redewendung „nomen est omen", was „der Name ist ein Zeichen" heißt. Leute, die Geschichten schreiben, geben den Figuren und Orten oft Namen, die Hinweise auf ihre Bedeutung oder ihr Schicksal geben. Joanne K. Rowling hat zum Beispiel der düsteren Gasse, in der viele zwielichtige Typen rumhängen, den Namen „Knockturn Alley" (auf Deutsch Nokturngasse) gegeben. Knockturn Alley klingt wie „nocturnally" und bedeutet „nächtlich". Kein Wunder, dass sich die dunklen Künste da zu Hause fühlen.

Magst du deinen Namen? Kennst du seine Bedeutung? Weißt du, warum deine Eltern ihn für dich ausgesucht haben? Jetzt wäre ein guter Moment zu fragen.

Wenn du in den Spiegel schaust, wohin fällt dein Blick als Erstes?

Neunundvierzig

„Mein Blick fällt natürlich zuerst auf mich!"

Selbstverständlich. Es geht mir meistens genauso. Das ist das Tolle an uns Menschen: Wir können uns selbst erkennen. (Wobei das dem ein oder anderen etwas schwerer fällt. Ich schaue in deine Richtung, Krösus.) Die meisten Tiere sind dazu nicht in der Lage. Wenn ein Hund in einen Spiegel schaut, dann sieht er allerhöchstens einen anderen Hund. Wenn er überhaupt etwas erkennt. Und auch wir Menschen können uns nicht von Geburt an im Spiegel erkennen. Das ist etwas, das wir erst im Laufe unserer ersten Lebensjahre lernen.

Auf welchen Teil deines Gesichts oder deines Körpers fällt dein Blick als Erstes? Schaust du zuerst auf deine Haare? Auf deine Nase? Lächelst du dich an? Oder seufzt du, weil dir auffällt, dass du immer noch keinen ordentlichen Bartwuchs hast. (Rate mal, warum ich mir manchmal so gern künstliche Bärte ins Gesicht klebe. Ich weiß, dass ich ein Bartgesicht habe. Nur leider wissen das meine Barthaare nicht und weigern sich behaarlich, dicht zu wachsen.) Oft seufze ich auch, weil ich wieder mal vergessen habe, meine Brille anzuziehen, bevor ich in den Spiegel schaue. Ohne Brille kann ich nur unscharf sehen. Das ist von Nachteil, wenn ich im Spiegel überprüfen möchte, ob alles in Ordnung ist. Der Vorteil ist, dass ich ohne Brille keine Pickel und keine Falten sehe und mein Gesicht ebenmäßig und glatt ist.

Wie siehst du dich am liebsten? Was zieht dich an deinem Spiegelbild am meisten an?

Wenn du nur noch ein Jahr leben würdest, was würdest du machen?

Fünfzig

Ein Lebensmotto könnte sein: Es ist egal, was man macht, solange man Menschen glücklich macht.

Aber kann das nicht nach hinten losgehen? Angenommen ich verhalte mich so, dass ich alle glücklich mache. Jeder Mensch freut sich, wenn er mich sieht. Alle sind froh, dass es mich gibt, weil die Welt durch mich besser wird. Und dann sterbe ich. Werden die Menschen dann nicht zutiefst betrübt sein, weil ich nicht mehr auf der Welt bin und alle glücklich machen kann? Werden sie nicht doppelt traurig sein, weil alle wissen, was für eine Bereicherung ich war? Dann hätte ich durch mein vorbildliches Verhalten die Menschen am Ende viel unglücklicher gemacht. Wäre es nicht besser, wenn ich mich ein Jahr lang komplett danebenbenehmen würde, damit alle froh wären, mich endlich los zu sein? Sollte ich mich also in meinem letzten Jahr nicht eher total unbeliebt machen, damit die Menschen am Ende glücklicher sind, weil ich nicht mehr da bin?

Was denkst du? Lieber einen Moment der Erleichterung auslösen? „Puh, endlich ist er weg!" Oder lieber viele glückliche Momente schaffen, an die sich alle gern erinnern? „Schön, dass er da war!"

Wie weit kannst du sehen?

Einundfünfzig

Manchmal schließe ich meine Augen, strecke die Hände aus und taste meine Umgebung ab. „Sehen" mit den Händen ist bei mir auf einen Radius von etwas mehr als einen Meter beschränkt. Wenn ich meine Augen öffne, kann ich auf jeden Fall weiter sehen als mit meinen Händen. Bis zu meinem Fenster sind es bestimmt drei Meter. Aber ich kann sogar durch das Fenster schauen: über die Straße bis zum nächsten Haus. Das sind ungefähr vierzig Meter. Dann ist Schluss. Das liegt natürlich nicht an meinen Augen, sondern daran, dass das Haus der Nachbarn meinen Blick beschränkt.

Wenn ich im Urlaub am Strand stehe und gutes Wetter ist, dann kann ich schon viel weiter sehen. Bis zum Horizont sind es bei meiner Körpergröße ungefähr 5,3 Kilometer. Kann man weiter als zum Horizont gucken? Auf jeden Fall. Manchmal kann man Flugzeuge im Himmel sehen, die so klein sind, dass man sie fast gar nicht erkennt. Mit guten Augen und klarer Sicht kann man ungefähr 10 bis 15 Kilometer weit schauen. Das ist die typische Reiseflughöhe von Passagierflugzeugen. Wer jetzt begeistert mit der Zunge schnalzt, weil er denkt: „Wow, so weit kann ich sehen", wird gleich mit dem Schnalzen nicht mehr aufhören können. In klaren Nächten kann man den Mond sehen. Der ist im besten Fall über 400 000 Kilometer entfernt. Aber warum beim Mond aufhören? Hast du schon mal Sterne gesehen? Die sind richtig weit entfernt. Wenn man in einer sehr dunklen Gegend ohne Lichtverschmutzung bei guter Sicht nachts in den Himmel schaut, dann kann man im Sternbild Dreieck den Dreiecksnebel erkennen, in einer Entfernung von ungefähr 26 500 000 000 000 Kilometern.

Hättest du gedacht, dass du so weit sehen kannst?

Beim Anstehen an der Achterbahn: lieber die ganze Zeit langsam bewegen oder lange stehen und dann einige Schritte machen?

Zweiundfünfzig

Stell dir vor, du bist in einem Freizeitpark und möchtest – wie alle anderen Leute dort auch – mit der neuen Achterbahn fahren. Also stellst du dich in der Schlange an und hoffst, dass die nächsten eineinhalb Stunden einigermaßen schnell vorbeigehen, damit du endlich fünf Minuten Achterbahn fahren kannst. Ich liebe Achterbahnfahren. Aber ich hasse Anstehen.

Meistens versuche ich frühmorgens im Freizeitpark zu sein. Dann gehe ich entweder direkt zu der Achterbahn, die ich unbedingt fahren möchte, von der ich aber weiß, dass sie immer voll ist – und hoffe, dass die Schlange noch nicht so lang ist. Oder aber ich gehe vom Eingang erst einmal in die hinterste Ecke des Freizeitparks und „arbeite" mich langsam nach vorne. Denn die meisten Menschen, die so einen Park besuchen, fangen mit den Attraktionen am Eingang an, weil sie die natürlich als Erstes sehen.

Trotz aller Tricks und Vorbereitungen stehe ich natürlich regelmäßig in der Warteschlange. Mir gefällt es dann am besten, wenn ich die ganze Zeit eine Bewegung nach vorne wahrnehme – auch wenn es nur winzige Schrittchen sind. Denn das bedeutet für mich: Es geht weiter, und die Achterbahn wurde nicht zwischenzeitlich wegen technischer Probleme geschlossen. Dieses Gefühl beschleicht mich nämlich immer, wenn ich lange stehen muss, ohne dass die Schlange sich bewegt.

Wie ist es bei dir? Gibt es auch andere Situationen, in denen dir viele kleine Schritte lieber sind als ein großer? Oder ist es vielleicht umgekehrt und du hast gern Pausen, in denen du Luft holen und Kraft tanken kannst, um dann einen großen Schritt nach vorne zu machen?

Kannst du dich mit einem Wort beschreiben?

Dreiundfünfzig

Wahrscheinlich geht es dir wie mir und es fallen dir ganz viele Wörter ein, die dich - oder wenigstens einen Teil von dir - beschreiben. Vielleicht kommst du zuerst darauf, wie du aussiehst. Und dann fallen dir bestimmt viele eher unsichtbare Eigenschaften auf. Wörter also, die beschreiben, wie du bist. Je mehr Zeit du dir nimmst, desto länger wird die Liste und desto größer wird die Wahrscheinlichkeit, dass Wörter auftauchen, die sich eigentlich widersprechen. Ich zum Beispiel bin kompromisslos, flexibel, zuversichtlich, pessimistisch und voll hohl. Und das ist nur ein klitzekleiner Ausschnitt der langen Liste, die ich hier neben mir liegen habe.

Es ist gar nicht so leicht, ein Wort zu finden, das einen am treffendsten beschreibt.

Erwachsene Menschen, die schon einen Beruf und eine passende Visitenkarte haben, sind bei der Frage klar im Vorteil. (Fun-Fact für die Jüngeren: Visitenkarten sind eine Art Mini-Steckbrief aus einem Sammelkartenspiel für ältere Menschen. Sprich: „Yu-Gi-Oh!" in langweilig.) Wenn zum Beispiel auf der Visitenkarte steht: „Gehirnspezialist", dann ist das oft schon eine sehr treffende Beschreibung der Person, lässt aber gleichzeitig etwas Raum für Fantasie. Ist das eventuell ein Mensch, der mehrere Gehirne hat? Ein Eigenschaftswort wie zum Beispiel „blass" ist sehr viel eingrenzender.

Wenn ich ein Wort für mich aussuchen müsste, dann würde ich auf jeden Fall ein ausgedachtes nehmen, ein Wort, das es eigentlich nicht gibt, ein Wort wie zum Beispiel „superhuppeknack". Beschreibt mich doch eigentlich ganz gut, oder? „Ja, Ralph ist echt ganz schön superhuppeknack."

Was war deine beste Geburtstagsparty?

Vierundfünfzig

Das ist eine Frage, bei der ich automatisch lächeln muss. Das ist das Schöne an Partys. Sogar die Geburtstagsparty-Reinfälle, an die man sich eigentlich nicht so gern erinnern möchte, sind zumindest zu netten Geschichten geworden. Wie zum Beispiel die meines allerersten Geburtstagsfests, an das ich mich erinnern kann.

Ich feierte mein 5. Lebensjahr mit einer Handvoll Freunden im selben Alter. Meine Eltern hatten mir zum Geburtstag eine Carrera-Bahn geschenkt, die im Keller aufgebaut wurde. Natürlich wollten meine Gäste auch mit der Bahn spielen. Dummerweise wollte ich das nicht. (Ich war ein sehr „eigensinniges" Kind.) Die Party endete in einer großen Schlägerei. Jeder meiner Gäste bekam nicht nur ein Süßigkeitentütchen mit nach Hause, sondern auch ein blaues Auge. Trotzdem scheint das Fest sehr beeindruckend gewesen zu sein. Immerhin kann ich mich noch daran erinnern.

Den Brauch, sich selbst am Geburtstag hochleben zu lassen, gibt es erst seit dem Ende des Mittelalters. Allerdings konnten es sich früher hauptsächlich reiche Adlige leisten, zu feiern, statt zu arbeiten. Erst im 20. Jahrhundert war aus dem Geburtstagsfest ein Brauch geworden, der von fast allen Menschen begangen wird.

Was genau feiern wir eigentlich am Geburtstag? Eine Zahl? Das ist auf jeden Fall beim 18. Geburtstag so und bestimmt auch bei vielen anderen besonderen Zahlen. Oder feiern wir uns und dass wir auf der Welt sind? Dann allerdings ist es seltsam, dass wir nicht jeden Tag Geburtstag feiern, oder? Schließlich sind wir jeden Tag auf der Welt. Was feierst du?

Was war der
beste Ratschlag,
den du bisher
bekommen hast?

Fünfundfünfzig

Spätestens seit der Geschichte von Krösus bin ich ein großer Fan von Ratschlägen.

Krösus war ein König im Altertum. Genauer gesagt herrschte er in den Jahren 555 bis 541 v. Chr. über Lydien, einem Reich am Mittelmeer auf dem Gebiet der heutigen Türkei, zu dem auch die berühmte Stadt Troja gehörte. Krösus hatte das dringende Bedürfnis, gegen die Perser in den Krieg zu ziehen. Weil er wusste, dass man so einen Krieg auch verlieren kann, wollte er vor Schlachtbeginn gern erfahren, wie seine Chancen auf den Sieg waren. Also fragte er das Orakel von Delphi - die Adresse in der Antike, wenn es um Ratschläge ging - und bekam als Antwort: „Wenn Krösus den Fluss Halys überschreitet, wird er ein großes Reich zerstören." Persien war ein großes Reich, und diese Antwort war alles, was Krösus hören wollte.

Er hatte wahrscheinlich nicht die Inschrift am Orakeltempel wahrgenommen. Da stand: „Γνῶθι σεαυτόν" - auf Deutsch: „Erkenne dich selbst!" (Auch ein guter Ratschlag.) Hätte er sich selbst erkannt, wäre ihm bestimmt auch seine eigene Erwartung bewusst geworden. Das ist nicht unwichtig, denn wir haben die Neigung, Informationen so auszuwählen und zu interpretieren, dass sie uns bestätigen. Lange Geschichte kurz erzählt: Als Krösus den Fluss Halys überquert hatte und gegen die Perser in den Krieg zog, zerstörte er am Ende tatsächlich ein großes Reich, nämlich sein eigenes. Er verlor und war der letzte König Lydiens.

Einer der besten Ratschläge, die ich mal bekommen habe, ist: Keine Angst haben! Vor allem nicht davor, Fehler zu machen. Aus Fehlern kann man lernen und sich dadurch weiterentwickeln.

Ja, auch aus den Fehlern anderer.

Welchen deiner
Sinne würdest du
hundertfach
verstärken wollen?

Sechsundfünfzig

Was sind eigentlich „Sinne"? Haben wir mehrere davon? Die meisten Menschen antworten auf diese Frage mit fünf: Sehen - machen wir mit den Augen. Hören - mit den Ohren. Riechen - mit der Nase. Schmecken - mit der Zunge. Tasten - mit den Fingern oder besser gesagt mit der Haut.

Das sind die klassischen Sinne, die schon von Aristoteles beschrieben worden sind. Aber wie der Name schon sagt: Aristoteles ist tot seit mehr als 2000 Jahren. Seitdem hat die Wissenschaft einige Fortschritte gemacht. Inzwischen sind mehr als fünf Sinne bekannt. Es gibt zum Beispiel den Gleichgewichtssinn, ohne den wir echte Probleme haben würden, aufrecht zu stehen. Dann gibt es noch den Temperatursinn, der sehr wichtig ist, denn er bewahrt uns vor Verbrennungen und Erfrierungen. Und er sorgt dafür, dass unser Körper seine Temperatur regeln kann und wir nicht unterkühlen oder überhitzen. Ein weiterer Sinn ist die Körperempfindung - wird auch Tiefensensibilität genannt und meint die Wahrnehmung des eigenen Körpers und seiner Teile. Dieser Sinn ist dafür da, dass wir immer eine genaue Vorstellung davon haben, wo im Raum sich zum Beispiel gerade unsere Arme befinden - oder die Beine oder der restliche Körper. Ohne diesen Sinn könnten wir nur sehr schwer gehen, weil wir immer genau hinsehen müssten, ob unsere Füße schon den Boden berühren oder nicht.

Wenn ich mich für einen Sinn entscheiden müsste, den ich hundertfach verstärken könnte, dann wäre es der Sehsinn. Denn manchmal fände ich es sehr schön, auch ohne Brille perfekt sehen zu können.

Wenn du eine Tablette nehmen könntest, statt zu schlafen, würdest du das machen?

Siebenundfünfzig

Diese Tablette hätte natürlich keine Nebenwirkungen. Sie würde einfach nur dafür sorgen, dass unser Körper das, was er sonst durch Schlaf bekommt, ohne Schlaf bekäme. Das würde bedeuten, statt dass wir ein Drittel unseres Lebens verschlafen, könnten wir ein Drittel mehr erleben. Aber vielleicht sollte ich erst mal klären, wozu wir eigentlich Schlaf brauchen.

Die Schlafforschung ist relativ jung. Erst mit der Erfindung des EEGs, also der Elektroenzephalografie, mit der man die Aktivität des Gehirns messen kann, verstanden Forscherinnen und Forscher, dass Schlaf mehr ist, als einfach nur die Rollladen runterlassen und das Geschlossen-Schild an die Tür hängen. Wenn es um den Zweck des Schlafs geht, wird viel vermutet und intensiv geforscht. Wahrscheinlich ist der Schlaf wichtig für die Erholung des Körpers. Im Schlaf scheint das Gehirn Erlebnisse zu ordnen und zu sortieren und Erinnerungen zu festigen. Man hat in mehreren Versuchen festgestellt, dass der Satz „Da muss ich mal drüber schlafen" sehr wahr ist. Bist du auch mal morgens aufgewacht und wusstest auf einmal die Lösung für ein Problem vom Vorabend? Da bist du nicht allein! Das Gehirn arbeitet im Schlaf tatsächlich weiter - nur eben anders. Bis allerdings alle Geheimnisse des Schlafs gelöst sind, müssen Wissenschaftler und Wissenschaftlerinnen wahrscheinlich noch viele Nächte in diesem Zustand verbringen.

Manchmal benutze ich Schlaf für Zeitreisen. Wenn ich zum Beispiel eine lange Reise im Zug vor mir habe und weiß, dass in den nächsten Stunden nichts passieren wird, dann schlafe ich einfach ein. Acht Stunden kommen mir dann wie ein paar Minuten vor. Das schafft keine Tablette. Wie ist es bei dir?

Du kommst an eine Gabelung. Nimmst du den Weg links zum Strand oder rechts zum Wald?

Achtundfünfzig

Links oder rechts? Strand oder Wald? Grundsätzlich: Wenn es einen Wald in der Nähe eines Strands gibt - oder umgekehrt -, dann ist das schon mal eine tolle Gegend. Wenn es dann noch eine leer stehende Burg auf einer Klippe gäbe, würde ich dort sofort hinziehen.

Ich mag das Meer. Ich kann stundenlang in Richtung Horizont gucken und mir vorstellen, was alles aus dem Meer auftauchen könnte. Ich mag das Rauschen des Wassers, wenn die Wellen ans Land rollen, weil es sich wie ruhiges Atmen anhört. Ungefähr 70 Prozent der Erde sind von Wasser bedeckt. Insgesamt gibt es auf unserem Planeten etwa 1,4 Milliarden Kubikkilometer Wasser. Und dabei bleibt es auch - es wird nicht weniger und nicht mehr, egal wie viel Wasser wir „verbrauchen".

Ich mag auch den Wald. Wenn ich den Geschichten meiner Mutter glauben kann, dann bin ich im Wald zur Welt gekommen. Ich liebe es, wenn die Sonne durch die Blätter und Äste scheint und man den blauen Himmel sieht, wenn man nach oben schaut. Den Geräuschen, die der Wald macht, könnte ich stundenlang zuhören. Die Waldgebiete der Erde sind unsere grüne Lunge - durch die Fotosynthese wandeln die Wälder enorm viel Kohlenstoffdioxid unter anderem in Sauerstoff um und haben so - zusammen mit den Ozeanen - enorm großen Einfluss auf das Klima der Erde. Heißt: Ohne Wald sähen wir alt aus.

Aber wenn ich mich entscheiden müsste, dann würde ich in den Wald gehen, auf einem hohen Baum ein Baumhaus bauen und von da auf den Strand und das Meer schauen. Mehr brauche ich gar nicht. Und du?

Fühlst du dich anders, wenn du weißt, wo du herkommst?

Neunundfünfzig

Manchmal hat man schlechte Laune. Gründe dafür kann es viele geben: Vielleicht hat jemand etwas Blödes gesagt, vielleicht läuft gerade nichts so, wie man es sich vorgestellt hat, vielleicht ist man hingefallen, hat sich das Knie aufgeschlagen und blutet. Wenn ich Blut sehe, sehe ich immer Sterne. Keine Comic-Sterne, weil mir schwindelig wäre - echte Sterne. Sterne wie die, die nachts am Himmel leuchten!

Es ist nämlich so, dass unser Blut Eisen enthält. In der Chemie wird Eisen abgekürzt als „Fe" - vom lateinischen Wort für Eisen „ferrum". Eisen ist nur eines von 118 Elementen, die bisher entdeckt worden sind. Alles, was es gibt, besteht aus einem oder aus Kombinationen dieser Elemente. Auch wir! Kohlenstoff - Abkürzung „C" für lateinisch „carbo" - ist eines der Hauptelemente aller Lebewesen hier auf der Erde.

Zu Beginn des Universums vor vielen Milliarden Jahren gab es nur ein ganz einfaches Element: Wasserstoff - „H" für „hydrogenium". Alle anderen Elemente sind im Lauf der Zeit in Sternen entstanden durch Schwerkraft und viel Energie. Und als diese Sterne irgendwann explodierten, schleuderten sie die Elemente hinaus ins Universum, wo sie sich zu neuen Sternen zusammenfanden und zu Planeten, die um diese Sterne kreisten und zu Lebewesen, die sich auf diesen Planeten entwickelten.

Wir sind also explodierte Sterne! Wer hätte das gedacht? Mich wundert es jedenfalls nicht mehr, dass ich so gern nachts in den Himmel schaue - schließlich kommen wir da alle her. Egal wie schlecht gelaunt ich bin oder wie blutig meine Knie sind, die Vorstellung, dass ich ein Stern war, bringt mich auf schönere Gedanken.

Wie ist es bei dir?

Vollmond oder Neumond?

Sechzig

Das Interessante am Mond ist, dass er die Erde im selben Tempo umkreist, wie er sich um sich selbst dreht. Deshalb sehen wir immer nur eine Seite des Mondes. Dass er trotzdem ständig anders aussieht, liegt daran, dass er sich im Laufe eines Monats (das Wort ist übrigens verwandt mit „Mond") einmal um die Erde herum bewegt. Das bedeutet, es gibt einen Moment, da ist der Mond zwischen der Sonne und der Erde. Das bedeutet, das Sonnenlicht strahlt auf die uns abgewandte Seite des Mondes. Wir „sehen" nur die Seite im Schatten und nennen das Neumond. Neumond ist dunkel. Bei Vollmond, ungefähr 14 Tage später, ist der Mond so weit um die Erde gewandert, dass sich jetzt die Erde zwischen Sonne und Mond befindet. Wir sehen den voll vom Sonnenlicht angestrahlten Mond und nennen das Vollmond. Dazwischen wird der Mond scheinbar runder oder wieder schmaler.

Magst du es in der Nacht lieber hell oder dunkel? In Vollmondnächten ist es heller als in Neumondnächten. Und manchmal ist es bei Vollmond gruseliger, denn vorbeihuschende, dunkle Schatten sieht man nur dann. Auch Geschichten über Werwölfe erzählt man sich am besten bei Vollmond.

Bei Neumond dagegen ist es so dunkel, dass du aufpassen musst, nicht über irgendwelche Hindernisse zu stolpern, wenn du nachts ohne Licht unterwegs bist. Es ist so dunkel, dass du unglaublich gut die Sterne und sogar die Milchstraße am Himmel beobachten kannst. Zumindest, wenn du dabei nicht von hellen Stadtlichtern umgeben bist.

Dass der Mond sich ständig wandelt und anders aussieht, ist ja eigentlich das Schöne an ihm. Oder?

Welche schlechte Eigenschaft deiner Eltern möchtest du niemals annehmen?

Einundsechzig

„Wie bitte?", höre ich alle Eltern sagen. „Schlechte Eigenschaften? Was sollen wir denn für schlechte Eigenschaften haben?"

Mir fallen da auf Anhieb einige ein: Keine Zeit für die Kinder haben. Ständig um die Kinder herumschleichen. Nie den Kindern zuhören. Jedes Wort auf die Goldwaage legen. Den Kindern nichts erlauben. Keine einzige Grenze ziehen, als wäre es total egal, was die Kinder machen. Wahrscheinlich könnten alle die Liste ohne Probleme fortsetzen. Und noch wahrscheinlicher würden allen Eltern mindestens genauso viele schlechte Eigenschaften ihrer Eltern einfallen, von denen sie sich eigentlich geschworen hatten, sie niemals anzunehmen.

Kein Mensch ist perfekt. Jeder hat mindestens einen Fehler, und wenn es nur der ist, zu denken, man wäre makellos. Selbst Superhelden – und welche Eltern sehen sich nicht insgeheim als solche – haben Fehler. Immer. Denn wenn die Hauptfigur einer Geschichte keine blöde Eigenart hat und alles immer richtig macht, dann wird sie uns ziemlich schnell langweilig. Fehler sind das, was menschlich und interessant macht. Dank ihrer Fehler können wir uns selbst in Superhelden wiedererkennen. Denk mal an deine Lieblingsgeschichte und an die Hauptfigur darin. Hatte sie eine schlechte Eigenschaft? Bestimmt.

Und damit sind wir wieder bei den Eltern. Welche Eigenschaften haben deine? Und welche davon nerven dich?

Meine Eltern haben immer Wert darauf gelegt, was andere Menschen von ihnen denken. Und von ihrer Familie. Das fand ich teilweise sehr anstrengend. Aber es führte dazu, dass mich heute die Meinung anderer größtenteils nicht interessiert. Dank der schlechten Eigenschaft meiner Eltern.

Wenn wir aus
Fehlern lernen,
warum haben
wir so viel Angst
davor, Fehler
zu machen?

Zweiundsechzig

Fehler können sehr peinlich sein. Wenn du zum Beispiel im Lateinunterricht vor der ganzen Klasse „errare humanum est" mit „der Mensch ist ein Fehler" übersetzt und alle lachen, dann ist das kein schönes Erlebnis. Im schlimmsten Fall führt es dazu, dass du dich nie wieder meldest oder vielleicht gar nicht mehr in die Schule gehen möchtest. So etwas kommt überall vor - auch unter Erwachsenen bei der Arbeit oder in der Freizeit.

Das Verrückte dabei ist, dass Fehler etwas sehr Wichtiges sind. Wir als Menschheit sind unter anderem deshalb so weit gekommen, weil wir immer wieder Neues ausprobiert haben. Dabei haben wir auch Fehler gemacht. Diese Fehler wurden untersucht, wir konnten aus ihnen lernen und uns weiterentwickeln. Versuch und Irrtum nennt sich dieses Prinzip.

Wer in Latein gut aufgepasst oder einfach nur seine Asterix-Hefte aufmerksam gelesen hat, kennt vielleicht den Spruch: „Si tacuisses, philosophus mansisses." Heißt auf Deutsch: „Wenn du geschwiegen hättest, wärst du ein Philosoph geblieben." Im Sinne von: „Hättest du nichts gesagt, würde ich immer noch denken, du wärst schlau." Und das ist wahrscheinlich einer der Gründe, warum viele Menschen Angst davor haben, etwas Falsches zu sagen. Sie möchten nämlich nicht von anderen für doof und ahnungslos gehalten werden. Das lernen wir schon in der Schule: Fehler werden mit schlechten Noten bestraft. Statt dass sich alle freuen und Fehler als gute Gelegenheit sehen, sich weiterzuentwickeln.

Der ganze lateinische Satz lautet übrigens: „Errare humanum est, in errore perseverare stultum." Auf Deutsch: „Irren ist menschlich, im Irrtum beharren dumm."

Wie würdest du
einem blinden
Menschen Farben
beschreiben?

Dreiundsechzig

Bei einer Lesung aus einem meiner Bücher bekam ich einmal Unterstützung von Frau Schultes. Sie ist blind und las eine meiner Geschichten aus einem besonderen Buch vor. Dieses Buch war in Braille-Schrift geschrieben, und Frau Schultes ertastete die Buchstaben mit den Fingern. Braille-Schrift ist das, was man auf Verpackungen von Medikamenten sieht und ertasten kann. Eine Schrift, die aus einem Muster besteht mit erhabenen Punkten, die in einem Sechserraster angeordnet sind und mit denen alle Buchstaben des Alphabets dargestellt werden können. Mein Name „Ralph" sieht in Braille so aus: ⠗ ⠁ ⠇ ⠏ ⠓

Braille liest du nicht mit den Augen, sondern mit den Fingern. Das hat den großen Vorteil, erzählte mir Frau Schultes, dass sie im Auto lesen kann, ohne dass ihr schlecht wird. Und früher, als sie noch mit ihrem Bruder im selben Zimmer schlief, konnte sie bis spät in die Nacht in ihren Büchern lesen, ohne Licht einschalten zu müssen. Ihr Bruder hat sich trotzdem beschwert, weil ihn das Geräusch störte, das Frau Schultes' Finger machten, wenn sie über die Braille-Punkte glitten. Er hatte gute Ohren.

Mir hat ein Junge, der in eine Schule für Blinde ging, mal erzählt, dass die häufigste Frage an ihn laute: „Was siehst du eigentlich? Ist alles schwarz?"

„Was antwortest du dann?", wollte ich wissen.

Er sagte: „Das, was du siehst, wenn du aus deinem Hinterkopf schaust, ist das, was ich sehe."

Ich habe versucht, mir das vorzustellen. Wenn ich aus meinem Hinterkopf schaue, dann ist da: nichts. Nicht einmal Schwarz.

Wie aber beschreibt man Farben, wenn man nichts sieht? Können sich Farben anfühlen wie Samt oder Schokolade? Können sie einen Geruch haben oder einen Geschmack? Können sie heiß sein oder kalt?

Wo im Körper entstehen Gefühle? Sind Gefühle nur eine besondere Art von Gedanken?

Vierundsechzig

Es gibt Gefühle, die ausgelöst werden durch Sinnesreize. Wenn ich mir den kleinen Zeh an der Bettkante stoße, dann erzeugt dieser Reiz meines Tastsinns das Gefühl von Schmerz. Ich schaue dann meistens zu der Stelle, die so heftig gereizt wurde und überprüfe, ob der Zeh noch dran ist. Wenn zum Beispiel ein bitterer Geschmack von meiner Zunge wahrgenommen wird, dann erzeugt das ein Gefühl von Unbehagen - und ich spucke normalerweise das, was ich im Mund habe, wieder aus. Jedes Sinnesorgan, das einen Reiz zum Gehirn sendet, kann also ein Gefühl auslösen. Nur wo ist dann das Gefühl? Ist es im kleinen Zeh oder auf der Zunge? Oder ist das Gefühl doch eher im Gehirn, weil die Sinnesreize dort verarbeitet werden?

Wie ist es mit größeren Gefühlen, die es ja auch gibt? Zum Beispiel die Panik vor einem riesigen, Furcht einflößenden Hund, der auf einmal vor dir steht. Oder die Begeisterung, wenn du einen lieben Freund nach langer Zeit endlich wiedersiehst. (Und merkst, dass dieser Freund eine Leine in der Hand hält und der riesige Hund zu ihm gehört.) Sind diese Gefühle reine Kopfsache? Und wenn Gefühle tatsächlich im Gehirn entstehen, kannst du sie dann beeinflussen? Zum Beispiel wenn du lächelst, weil du glücklich bist, kannst du auch glücklich werden, weil du lächelst - also einfach die Mundwinkel nach oben ziehst?

Es klingt verrückt, aber es gab Versuche, bei denen genau diese Frage geklärt werden sollte. Das Ergebnis: Die Bewegungen von Gesichtsmuskeln beeinflussen tatsächlich, wie wir uns fühlen. Probier mal, ob du einen Unterschied merkst, wenn du einen Tag lang nur lächelst und einen anderen Tag lang nur grimmig guckst.

65

Würdest du gern
für immer in dem
Alter bleiben,
das du jetzt hast?

Fünfundsechzig

Ob du gern in deinem jetzigen Alter bleiben möchtest, hängt von vielen Faktoren ab. Je nach Alter darf man bestimmte Dinge - oder auch nicht. Wenn man 3 Jahre alt ist, darf man zum Beispiel in die Hose machen. Das darf man natürlich auch, wenn man 13 ist oder 33, aber aus guten Gründen macht das niemand. Mit 18 ist man erwachsen - man darf wählen gehen, niemand kann einem mehr vorschreiben, wann man nach Hause kommen soll, man darf all die Erwachsenendinge machen, die Kinder nicht machen dürfen.

Je jünger du bist, desto größer wirkt die Welt. Jeder Tag ist ein neues Abenteuer. Du hast so gut wie keine Verantwortung und lernst ständig etwas dazu. Von den meisten Dingen, die es gibt, weißt du noch gar nichts. Es gibt viele erste Male. Je älter du wirst, desto mehr scheint die Welt zu schrumpfen. Das merkst du zum Beispiel, wenn du einen Ort besuchst, den du als Kind kanntest und der auf einmal viel kleiner ist, als du ihn in Erinnerung hattest. Mit steigendem Alter hast du schon jede Menge gelernt und viele Erfahrungen gemacht. Manchmal auch Erfahrungen, die dafür sorgen, dass du dich nichts mehr richtig traust und dir ein bisschen langweilig werden kann.

Ob du das Alter, das du jetzt hast, gut findest oder nicht, liegt zu einem großen Teil daran, wie zufrieden du bist. Bist du zufrieden? Oder fehlt dir was - vor allem etwas, das abhängig vom Alter ist? Und was ist das? Ist es etwas, das noch kommt? Oder ist es etwas, das schon war? Wie alt bist du offiziell? Und wie alt fühlst du dich? Werden sich andere Alter anders anfühlen? Fragen über Fragen - wie gut, dass wir ein ganzes Leben haben, um darüber nachzudenken.

66

Wenn du ein Lied im Radio hörst, wo ist dann das Lied?

Sechsundsechzig

Stell dir vor, du sitzt im Auto und im Radio läuft ein Lied, das du total magst. Das Lied im Radio ist höchstwahrscheinlich eine Datei, die von einem Computer im Sender abgespielt wird. Über Funkwellen gerät es zum Empfänger - das ist das Radio mit dem Display und den Tasten. Die Musik kommt aber nicht direkt aus dem Radio. Vielmehr ist dieses Gerät verbunden mit den Lautsprechern, die ganz woanders im Auto stecken. Bei den Lautsprechern bewegt sich eine Membran, meistens ist das ein Stück Papier, das hin- und herschwingen kann, und das dadurch die Luftteilchen in seiner Nähe bewegt. Diese Bewegung überträgt sich von einem Luftteilchen zum nächsten - das ist die Schallwelle - bis hinein in dein Ohr, wo die Schwingung der Luftteilchen wieder auf eine Membran trifft: dein Trommelfell. Das Trommelfell schwingt, und über das Ohr wird diese Schwingung als Nervenreiz zum Gehirn weitergeleitet. Dann erst nimmst du das Lied aus dem Radio wahr.

Das Lied ist in deinem Kopf angekommen. Ist es jetzt da? Aber neben dir im Auto sitzt vielleicht noch jemand, der das Lied ja auch gehört hat. Höchstwahrscheinlich gibt es noch viele andere Menschen, die genau denselben Radiosender hören, wie du. Da ist das Lied also auch. Und natürlich ist das Lied immer noch im Sender, als Datei im Computer gespeichert. Also wo ist das Lied jetzt? Überall? Oder nirgendwo, weil inzwischen schon der nächste Song läuft? Und was ist, wenn das Radio läuft, aber kein Mensch in der Nähe ist, der zuhört? Wo ist dann das Lied?

67

Machst du gern,
was du gut kannst?
Oder umgekehrt?

Siebenundsechzig

Ohne lange darüber nachzudenken, würden wahrscheinlich alle sofort sagen: „Na, klar! Was ich gut kann, mache ich natürlich gern!"

Aber ist das wirklich immer so? Ich kann zum Beispiel richtig gut aufräumen. Ich kann sehr konzentriert alles, was in meinem Zimmer herumfliegt, in kürzester Zeit an seinen richtigen Platz legen und für Ordnung sorgen. Ich kann mich ohne Zögern von Dingen trennen und muss nicht lange darüber nachdenken, ob ich daraus noch eine Collage basteln möchte. Und trotzdem hasse ich Aufräumen. Es kostet mich viel Kraft.

Umgekehrt ist es ähnlich: Ich backe total gern. In der Küche zu stehen und Rezepte auszuprobieren, macht mir richtig Spaß. Leider verwechsle ich zu oft Salz mit Zucker, um sagen zu können, dass an mir ein grandioser Küchenchef verloren gegangen ist.

Oft wird das, was man gut kann, in denselben Topf geworfen wie das, was man gern macht. Aber tatsächlich hat das eine nicht immer etwas mit dem anderen zu tun. Man kann etwas richtig gern machen, aber richtig schlecht darin sein. Und man kann etwas unglaublich gut machen, aber es trotzdem unglaublich langweilig finden.

Wenn man weiß, dass das, was man gern macht, nicht unbedingt auch das ist, was man gut kann - und umgekehrt -, dann lässt sich eine weitere Frage, die einem vorzugsweise von Tanten und Onkeln gestellt wird, sehr leicht beantworten. „Was willst du eigentlich später mal beruflich machen?"

Die einzige passende Antwort ist: „Ich möchte etwas finden, das ich gut kann und das ich gern mache."

Der Rest - wie zum Beispiel Geld damit zu verdienen - ergibt sich dann meistens von ganz allein.

Wenn du statt zu essen, eine Tablette nehmen könntest, würdest du das machen?

Achtundsechzig

Bevor ich hier weiterschreibe, muss ich mal kurz in die Küche gehen. Bin gleich wieder da. Du könntest in der Zwischenzeit überlegen, was dein Lieblingsessen ist. Und warum du es so gern magst.

Und da bin ich wieder. Ich habe aus der Küche ein großes „Nein" als meine Antwort mitgebracht. Essen macht mir einfach zu viel Spaß. Als du gerade eben an dein Lieblingsgericht gedacht hast, ist dir da vielleicht aufgefallen, dass du plötzlich mehr Spucke im Mund hattest? Das wundert mich nicht, denn dass dir das Wasser im Mund zusammenläuft, ist ein ganz normaler Reflex.

Spucke ist ein Teil der Verdauung, die nämlich schon im Mund anfängt: Die Zähne zerkleinern, was wir essen, und die Spucke macht daraus einen weichen Brei. Der lässt sich besser schlucken und weiterverarbeiten. Außerdem helfen die Enzyme - die sind Teil der Spucke -, die Nahrung noch kleiner zu zerteilen, als die Zähne es könnten. Brot enthält zum Beispiel Stärke, mit der unser Körper so nicht viel anfangen kann. Enzyme spalten deswegen die Stärke in Zucker auf. (Probiere mal, Brot richtig lange zu kauen. Es wird süßer. Das ist der Zucker, den die Enzyme aus der Stärke machen.)

Könnte man sich die ganze Zeit und den Aufwand, Brot süß zu speicheln und zu verdauen, nicht sparen, wenn man stattdessen eine Tablette schluckt? Diese Tablette könnte auch alle anderen Nährstoffe enthalten, die der Körper braucht. Du müsstest dir keine Gedanken über irgendeinen Mangel mehr machen. Das wäre total praktisch. Aber geht es beim Essen nur um Nährstoffaufnahme? Oder hat es vielleicht noch einen anderen Zweck?

Ich werde zum Darübernachdenken noch mal kurz in die Küche verschwinden.

Schuluniform: ja oder nein?

Neunundsechzig

Schuluniformen sind ein tolles Gesprächsthema. Allein schon deshalb, weil ich noch nie erlebt habe, dass jemandem egal war, ob Schülerinnen und Schüler eine spezielle Schulkleidung tragen sollen oder nicht. Entweder es gibt eine große Ablehnung oder eine große Zustimmung. Gleichgültigkeit ist mir bei diesem Thema noch nicht begegnet. Hast du dir schon mal Gedanken darüber gemacht, wie es wohl wäre, wenn alle in der Schule die gleiche Kleidung tragen würden? In Deutschland ist die Schuluniform eine Ausnahme. In anderen Ländern, wie zum Beispiel dem Vereinigten Königreich, wo die Schuluniformen vor ungefähr 500 Jahren erfunden wurden, gibt es kaum eine Schule, in der nicht einheitliche Röcke, Hosen, T-Shirts, Hemden und Krawatten getragen werden.

Ich finde es ganz hilfreich, die Argumente für oder gegen Schulkleidung mal anhand einer Schule zu untersuchen, die alle kennen - auch wenn sie frei erfunden ist: die Hogwarts-Schule für Hexerei und Zauberei. Ein Beispiel für Argumente gegen Schulkleidung ist, dass Kindern die Möglichkeit genommen würde, sich frei zu entfalten und ihrer Persönlichkeit Ausdruck zu verleihen. Ich habe den Eindruck, Harry Potter und alle anderen auf Hogwarts verstehen es sehr gut, als eigenständige Persönlichkeiten aufzufallen.

Was würde dich am ehesten davon überzeugen, eine Schuluniform zu tragen? Vielleicht, dass du immer das Gleiche anziehen kannst? Oder dass die Schulkleidung dafür sorgt, dass alle in der Schule das Gefühl haben, zusammenzugehören - so wie eine Fußballmannschaft, in der alle das gleiche Trikot tragen? Oder sind das vielleicht genau die Argumente gegen eine Schuluniform? Wie siehst du das?

70

Wenn du doppelt so hübsch, doppelt so intelligent oder doppelt so beliebt sein könntest, wie du es jetzt bist, was würdest du dir aussuchen?

Doppelt so hübsch zu sein - überhaupt hübsch zu sein -, das klingt verlockend. Es ist bestimmt schön, sich keine Gedanken darüber machen zu müssen, ob man gut aussieht, weil man es einfach tut. Und wenn man selbst in einem Kartoffelsack eine tolle Figur macht, ist das ein gutes Gefühl. Auf der anderen Seite klingt es total oberflächlich und eitel - zwei Eigenschaften, die ich nicht besonders attraktiv finde. Außerdem haben schöne Menschen mit dem Vorurteil zu kämpfen, nicht besonders viel im Kopf zu haben.

Dann vielleicht doch lieber doppelt so intelligent sein. Ich würde wahrscheinlich viel mehr von der Welt verstehen als bisher und Zusammenhänge sehen, die mir bislang verborgen geblieben sind. Vielleicht könnte ich sogar die Menschheit auf die nächste Entwicklungsstufe bringen. Man fühlt sich natürlich schnell anderen Menschen weit überlegen. Und lässt es sie auch spüren - sehr intelligenten Leuten wird oft nachgesagt, dass ihnen Einfühlungsvermögen fehlt. Das bringt mir auch nicht mehr Party-Einladungen ein als vorher.

Anders ist es, wenn ich doppelt so beliebt wäre. Selbst wenn ich nicht der hübscheste oder der intelligenteste Mensch wäre, könnte meine Beliebtheit das mehr als ausgleichen. Allerdings könnte es mir auch passieren, dass ich nur selten Zeit für mich finde. Beliebte Menschen haben oft andere Menschen um sich herum, ich bin manchmal aber auch gern allein.

Findest du diese Frage auch so schwierig zu beantworten? Oder denkst du, keine der drei Möglichkeiten bringt dich wirklich weiter im Leben?

Was war zuerst da: die Henne oder das Ei?

Dieses Ei wurde gelegt von einer Henne. Diese Henne schlüpfte aus einem Ei. Dieses Ei wurde gelegt von einer Henne. Diese Henne schlüpfte aus einem Ei. Dieses Ei wurde gelegt von einer Henne. Diese Henne schlüpfte aus einem Ei ... Ab hier könnte ich eigentlich aufhören zu schreiben, und du fängst wieder vorne an.

Seit der Antike hat diese Frage die Menschen beschäftigt. Weil die Henne aus einem Ei schlüpft und das Ei von einer Henne gelegt werden muss, tauschen Ursache und Wirkung immer wieder die Plätze. Es gibt aber keinen wirklichen Anfang. Außer man glaubt zum Beispiel an die Schöpfungsgeschichte in der Bibel. Dann ist Gott der Grund für die erste Henne - und das Henne-Ei-Problem ist gelöst. Aber was, wenn man nicht an Gott glaubt?

Hennen sind weibliche Hühnervögel. Vögel gibt es seit ungefähr 66 Millionen Jahren. Die meisten Forscherinnen und Forscher gehen davon aus, dass die Vögel von den Dinosauriern abstammen. (Wahnsinn, oder? Die Nachfahren der Dinosaurier fliegen bei uns im Garten herum!) Dinosaurier gab es schon vor 235 Millionen Jahren auf der Erde. Deshalb ist die Frage, ob zuerst die Henne oder das Ei da war, überraschend eindeutig zu beantworten: Weil Dinosaurier auch schon Eier gelegt haben, gab es das Ei lange vor der Henne.

Aber was war zuerst da? Der Dinosaurier oder das Ei? Tatsächlich waren die Dinosaurier nicht die ersten Amnioten - so werden Tiere genannt, die sich unabhängig von Wasser an Land fortpflanzen können. Die älteste bekannte Tierart, die Eier mit Schale gelegt hat, war ein Reptil mit Namen „Hylonomus" vor etwa 315 Millionen Jahren. Und davor? Gab es vielleicht etwas, das gleichzeitig „Henne" und „Ei" war und aus dem sich alle anderen Lebewesen entwickelt haben? Was meinst du?

72

Könnte man dir
alle Macht der Welt
anvertrauen?

Zweiundsiebzig

Mein erster spontaner Gedanke war: Natürlich, warum nicht? Ich bin nicht nachtragend, nicht jähzornig, nicht ungerecht - zumindest nicht bewusst. Warum sollte ich nicht mit aller Macht der Welt verantwortungsvoll umgehen? Ich bin voll von guten Absichten!

Aber dann ist mir eingefallen, dass dummerweise der Weg in den Ruin mit guten Absichten gepflastert ist. Selbst wenn ich für mich prima Entscheidungen treffe - wer sagt denn, dass diese Entscheidungen auch prima für alle anderen Menschen der Welt sind. Oder müssen meine Entscheidungen das vielleicht gar nicht sein? Reicht es, wenn es mir gut geht und wenn alles so läuft, wie ich es für richtig halte? Oder sollte ich, wenn ich viel Macht habe, auch viel Verantwortung übernehmen? Kann ich das überhaupt? Will ich das?

Was denkst du, welche Eigenschaften ein Mensch haben müsste, damit man ihm alle Macht der Welt anvertrauen kann? Ich denke, dieser Mensch müsste weise sein, besonnen, geduldig, aufmerksam, gütig. Wenn ich ehrlich bin, finde ich mich da nicht hundertprozentig wieder. Vielleicht sind die, die bei dieser Frage mit „Ja" antworten, charakterlich auch gar nicht geeignet, mit großer Macht richtig umzugehen. Ist große Macht besser bei denjenigen aufgehoben, die sie gar nicht haben wollen?

Wahrscheinlich ist es am vernünftigsten, niemandem alle Macht der Welt anzuvertrauen, weil kein Mensch alleine damit wirklich gut umgehen könnte. Oder was meinst du?

73

Alle Sprachen der Menschen verstehen oder mit Tieren reden?

Dreiundsiebzig

Mit sprechenden Tieren bin ich aufgewachsen: Polynesia, die Papageiendame, Shir-Khan, die Katze mit Hut, ein Schweinchen namens Babe, Pu der Bär und viele mehr. Ja, das waren alles keine wirklichen Tiere, sondern Figuren aus Büchern, Hörspielen und Filmen. Als Kind war für mich trotzdem klar, dass Tiere sprechen können. Ich fand, wir bräuchten nur ein Wörterbuch wie zum Beispiel „Deutsch - Gorillisch / Gorillisch - Deutsch", um uns ohne Probleme mit einem Flachlandgorilla zu unterhalten. Ich war nicht der einzige Mensch, der so dachte.

Francine Patterson ist eine Forscherin aus den USA, die dem Gorillaweibchen Koko Zeichen der amerikanischen Gebärdensprache beibrachte. Mithilfe der Gebärden konnten sich Koko und Francine unterhalten. Forscher und Forscherinnen bezweifeln allerdings, dass Koko tatsächlich eine eigene Sprache beherrschte und diese in Handzeichen übersetzte. Wahrscheinlich ist, dass sprechende Tiere, wie wir sie aus Büchern und Filmen kennen, eben nur in Büchern und Filmen vorkommen - und nicht in der Wirklichkeit. Was denkst du? Tiere verständigen sich untereinander - aber sind das Gespräche, wie Menschen sie führen? Ich bin mir da nicht so sicher.

Deshalb würde ich mich dafür entscheiden, alle Sprachen der Menschen verstehen zu können. Wohin ich auch reise, ich müsste mir über Sprachbarrieren keine Gedanken mehr machen. Und sollte ich auf Leute treffen wie Francine Patterson, dann wäre es ganz egal, welche Sprache sie sprechen - ich könnte sie auf jeden Fall verstehen und mir erzählen lassen, was ihnen die Tiere sagen.

74

Wenn du 50 Millionen im Lotto gewinnen würdest, wofür würdest du das Geld ausgeben?

Wenn ich schlechte Laune habe, stelle ich mir genau diese Frage - und in kürzester Zeit ist meine Stimmung wieder gut. Ich habe inzwischen sogar eine Liste geschrieben. Die ist schon zwei Seiten lang und steckt voller Ideen, was ich machen würde, sollte ich jemals 50 Millionen Euro gewinnen.

Zum Beispiel würde ich einen Tag lang meinen Lieblingsfreizeitpark mieten und alle Menschen einladen, die ich mag. Wir würden Churros essen und Schokoladenerdbeeren, so viel wir wollen. Wir würden Achterbahn fahren, ohne anzustehen - und einfach sitzen bleiben, falls wir direkt noch eine Runde drehen möchten. Und am Ende des Tages wüssten wir gar nicht, von was uns jetzt so schön schlecht geworden ist.

Eine weitere Idee von mir ist, einen Monat lang alle Reklameflächen der Stadt, in der ich wohne, zu buchen. Statt der üblichen Werbung würden dort dann schöne Bilder von Blumen oder Bergseen hängen, und in großen Buchstaben ständen auf den Plakaten Sätze wie: „Du siehst gut aus heute!"

Was würde auf deiner Liste stehen? Würdest du das Geld nur für dich allein ausgeben? Oder auch für andere Menschen? Möchtest du, dass es alle sehen können, wenn du reich wärst? Würde es dein Leben ändern, wenn du dir um Geld keine Sorgen machen müsstest? Wenn du zur Schule gehst, würdest du dir dann noch Gedanken um deine Noten machen? Wenn du schon einen Beruf hast, würdest du aufhören zu arbeiten? Oder würdest du dein Leben so weiterführen wie bisher?

75

Ordnung oder Unordnung?

Fünfundsiebzig

Du glaubst gar nicht, wie froh ich bin, dass du diesen Text erst jetzt liest und nicht schon dabei bist, während ich das hier schreibe. Ich mache ja in der Regel einen sehr ordentlichen Eindruck, aber hier und jetzt an meinem Schreibtisch in meinem Arbeitszimmer muss ich gestehen, dass von Ordnung nicht viel zu sehen ist. Zumindest für das ungeübte Auge.

Ordnung, Unordnung und ich - wir haben ein sehr kompliziertes Verhältnis. Ich liebe Ordnung. Wenn alles aufgeräumt an seinem Platz steht und ich mit einem Handgriff nach dem dicken schwarzen Filzstift greifen kann, ohne ihn erst suchen zu müssen, hat das etwas sehr Entspanntes. Interessanterweise hält diese Liebesbeziehung nie besonders lange an. Es geht schneller als ich „Entropie" sagen kann, dass sich die Unordnung wieder breitmacht. Ordnung zu halten, kostet mich viel Energie. Energie, die ich oft lieber für andere Dinge benutze, als ständig den Filzstift wieder zurück an seinen Platz zu legen.

Bist du ordentlich oder unordentlich? Sehen alle sofort, wenn du zu Hause bist, weil der ganze Eingangsbereich mit deinen Sachen vollliegt? Bringt dich Unordnung auf neue Ideen? Oder brauchst du Ordnung, um klar denken zu können? Kann man lernen, ordentlich zu sein? Oder kommt man mit dieser Fähigkeit auf die Welt?

Bei uns im Flur hängt direkt über meinen Schuhen, meiner Tasche und dem, was sonst noch so von mir auf dem Boden liegt, ein Schild. Darauf steht in dicker schwarzer Filzstiftschrift: „In diesem Haus halten wir uns an die Regeln der Thermodynamik." Eine dieser Regeln besagt vereinfacht: Wenn man nichts unternimmt, nimmt das Maß der Unordnung zu. Kleine Erinnerung an mich, dass ich Ordnung schaffen muss. Die Unordnung kommt von ganz allein.

76

Was werden
die Leute auf
deiner
Beerdigung
sagen?

Sechsundsiebzig

Es hat mir auf eine sehr dunkle Weise viel Spaß gemacht, meine Familie und Freunde zu fragen, was sie auf meiner Beerdigung sagen werden. Über den Tod eines nahestehenden Menschen macht sich in der Regel niemand so gern Gedanken. Liegt es daran, dass man dann unweigerlich über den eigenen Tod nachdenken muss?

Es gibt Menschen, die haben ganz genaue Vorstellungen davon, was auf ihrer Beerdigung gesagt werden soll. Oder gesungen. Mein Onkel zum Beispiel hatte ein Lieblingslied, das wir zu Weihnachten immer angestimmt haben, wenn die ganze Familie zusammenkam: Gloria in excelsis deo. Und genau dieses Lied wünschte er sich auch für seine Beerdigungsfeier. Also haben wir alle gemeinsam dieses Weihnachtslied für ihn gesungen - mitten im Sommer. Das war lustig.

Hättest du lieber, dass die Leute bei deiner Beerdigung in Tränen ausbrechen oder dass sie lachen? Oder sollte es eine Mischung aus beidem sein? Und sorgst du jetzt schon dafür, dass die Menschen später genau die Sachen sagen, die du dir wünschst? Bist du so herzlich, wie du sein kannst, oder so eklig, wie du sein möchtest? Ist es am Ende ganz egal, was gesagt wird, weil du selbst es wahrscheinlich gar nicht mitbekommst?

Ich stelle mir die Reden auf meiner Beerdigung ungefähr so vor: „Ralph war der seltsamste Freund, den ich hatte. Einmal rief er mich an und fragte ohne Vorwarnung ‚Was wirst du eigentlich auf meiner Beerdigung sagen?‘. Damals dachte ich natürlich sofort, er sei todkrank und stammelte etwas von ‚Aber du bist doch noch so jung!‘. Das war vor 44 Jahren. Er schrieb damals ein Buch mit 99 harmlosen Fragen. Von wegen!"

77

Wenn du nicht weißt, wie du dich entscheiden sollst, was machst du dann?

Siebenundsiebzig

Manche Entscheidungen fallen mir leicht. Zum Beispiel: Welchen Weg zum Strand soll ich nehmen? Die eine Strecke ist 1000 Meter, die andere 500 Meter lang. Weil ich schnell zum Strand kommen möchte, entscheide ich mich für die kürzere Strecke.

Es gibt aber auch Entscheidungen, die mir schwerfallen. Das liegt meist daran, dass ich nicht sofort erkennen kann, welche Wahl die bessere ist. Angenommen, der kurze Weg zum Strand führt an einer stark befahrenen Straße entlang, der lange Weg dagegen an einer großartigen Eis-Diele mit dem besten Eis der Welt. Welchen Weg würdest du nehmen?

Es gibt viele Methoden, die beim Entscheiden helfen können. Zum Beispiel Fakten sammeln: Habe ich genug Geld für Eis? Soll es später regnen? Eine Plus-Minus-Liste schreiben: Die kurze Strecke ist gefährlich, das Eis ist lecker. Oder eine Matrix-der-Möglichkeiten entwerfen – also alle Infos in einer Tabelle ordnen und dann Punkte für meine Einschätzung verteilen. Am Ende habe ich im besten Fall zwei Zahlen, an denen ich ablesen kann, welche die beste Entscheidung für mich ist. Aber das wäre dann ja wieder eine leichte Entscheidung – nur mit etwas mehr Vorarbeit.

Bei einer schweren Entscheidung lässt es sich nicht so leicht sagen, welche Wahl die bessere ist. Oft sind die verschiedenen Möglichkeiten gleich schlecht oder gleich gut. Es klingt vielleicht blöd, aber in solchen Fällen entscheide ich mich einfach für eine der Möglichkeiten. Manchmal werfe ich sogar eine Münze. Dann passiert etwas Eigenartiges: Ich merke sehr schnell, ob sich meine Entscheidung gut anfühlt. Tut sie das nicht, entscheide ich mich um. Und erst dann erzähle ich anderen Leuten davon. Die meisten meiner nach Bauchgefühl getroffenen Entscheidungen haben sich auch über längere Zeit als gut erwiesen. Hast du Tricks, die dir beim Entscheiden helfen?

78

Was macht dich so richtig wütend?

Einmal nahm ich eine Kollegin im Auto mit. Wir fuhren gelassen durch eine 30er-Zone. Vor uns radelten sechs Teenager nebeneinander her. Ich konnte sie nicht sofort überholen, sondern musste warten, bis die Straße frei wurde. Meine Kollegin und ich unterhielten uns über ganz alltägliche Dinge. Dann bot sich mir die Gelegenheit und ich zog an den Teenagern vorbei. In diesem Moment lehnte sich meine Beifahrerin aus dem Fenster und brüllte - schlimmer als der Wurstverkäufer auf dem Wochenmarkt -: „Ey, fahrt gefälligst hintereinander, ihr Asselgesichter!" (Das letzte Wort war ein anderes mit den gleichen Anfangs- und Endbuchstaben. Ich habe es meiner Lektorin zuliebe ausgetauscht.) Was für ein Schreck! Mit so viel Wut, wegen einer Kleinigkeit, hatte ich nicht gerechnet.

Wir alle hatten mal eine Zeit, in der wir sehr wütend werden konnten. Als du so zwischen zwei und vier Jahre alt warst, gab es bestimmt die ein oder andere Gelegenheit, in der du zum Beispiel im Supermarkt nicht das bekommen hast, was du wolltest. Und dann hast du dich wütend auf dem Boden vor dem Süßigkeitenregal hin- und hergeschmissen und geschrien. Trotzphase. Alle Eltern machen das durch. Diese Zeit, die auch Autonomiephase genannt wird, ist für die Entwicklung von Kindern wichtig, weil sie beginnen, sich von ihren Eltern zu lösen und ihren eigenen Willen zu entdecken, der nicht immer berücksichtigt wird. Ich war ein sehr wütendes Kind. Wahrscheinlich habe ich alle meine Wut damals schon verbraucht.

Wobei - das stimmt nicht ganz. Es gibt eine Situation, da könnte ich komplett ausrasten: Wenn ich zu Hause an Weihnachten die Lichter am Baum befestigen soll und sich diese idiotischen, viel zu langen Kabel so verheddern, dass ich am liebsten alle Lämpchen kaputtschlagen möchte - und den Baum gleich mit. Wut hilft mir selten weiter. Dir?

79

Können sich Menschen ändern?

Schau mal Fotos von dir an. Am besten nimmst du Bilder, die im Abstand von ein paar Jahren aufgenommen worden sind. Siehst du auf beiden Bildern gleich aus? Oder hast du dich verändert? Noch deutlicher wird es wahrscheinlich, wenn du Bilder deiner Großeltern vergleichst, bei denen der Abstand noch größer ist. Wir Menschen wachsen - das geht in die Höhe und auch in die Breite. Wir schneiden uns die Haare oder lassen sie länger werden, und im Gesicht bekommen wir irgendwann Falten. Im Laufe der Jahre verändert sich das Äußere jedes Menschen.

Und das Innere? Kann einer, der vorsichtig ist, im Laufe der Zeit leichtsinnig werden? Kann eine, die organisiert ist, chaotisch werden? Oder ist unsere Persönlichkeit festgelegt seit der Geburt - vielleicht durch unser Sternzeichen? Oder ändert sich nur, wie stark wir verschiedene Charaktereigenschaften kontrollieren können oder wollen?

Menschen, die sich mit unserem Verhalten und Erleben beschäftigen - also Psychologen und Psychologinnen -, gehen davon aus, dass unsere Persönlichkeit aus fünf Haupteigenschaften besteht. Diese bestimmen zum Beispiel wie verträglich wir sind, wie zuverlässig, wie gesellig, ob wir offen für neue Erfahrungen sind und wie stabil unser Gefühlsleben ist. Bis vor einigen Jahren dachte man noch, dass sich Menschen über 30 nicht mehr verändern können. Das heißt, wer mit 30 gern streitet, würde auch mit 70 nicht damit aufhören. Heutzutage vermuten die Forschenden, dass wir Menschen uns bis in hohe Alter ändern können - nicht nur äußerlich, auch innerlich.

Hast du das Gefühl, dass du dich ändern kannst? Wenn ja, was würdest du an dir gern anders haben? Hast du eine Idee, wie du diese Veränderung angehen könntest?

80

Was ist das
Idiotischste, das
du tun kannst?

Achtzig

Es gibt so viele idiotische Dinge, dass ich gar nicht weiß, wo ich mit meiner Auflistung anfangen soll. Als ich das letzte Mal in die USA geflogen bin, musste ich kurz vor der Ankunft im Flugzeug einen Zettel ausfüllen und verschiedene Fragen beantworten. Eine dieser Fragen lautete sinngemäß: „Beabsichtigen Sie, den amerikanischen Präsidenten umzubringen?" Tatsächlich ist es nach United States Code verboten, den Präsidenten zu bedrohen. Aber der gesunde Menschenverstand sagt mir, dass das eine total blödsinnige Frage ist. Wenn ich tatsächlich dem Präsidenten etwas antun wollte, dann wäre es ja vollkommen idiotisch, ich würde es vorher jemandem erzählen! Natürlich lässt sich diese Idiotie übertrumpfen: Man könnte auf die Frage einfach mit „Ja" antworten.

Da sich jede idiotische Handlung steigern lässt, ist es schwierig, zu sagen, was eigentlich das Idiotischste ist. Denkst du, es könnte eine Grenze geben? Vielleicht wenn du etwas so komplett Idiotisches machst, dass du dabei stirbst? Aber warum ist idiotisches Verhalten dann noch nicht ausgestorben? Menschen, die so idiotische Sachen tun, dass sie es nicht überleben, müssten doch auch geringere Chancen haben, ihre Gene an Kinder weiterzugeben. Hat es vielleicht auch einen Vorteil, idiotische Dinge zu tun?

Im 19. Jahrhundert gab es zum Beispiel auf amerikanischen Jahrmärkten die Möglichkeit, Lachgas zum Spaß einzuatmen. Dabei steht „unbekannte Gase einatmen" auf der Liste der idiotischen Dinge ganz weit oben. Dennoch wurde auf so einem Rummel wahrscheinlich der Grundstein gelegt für schmerzfreies Operieren unter Narkose.

Das Idiotischste ist wahrscheinlich, etwas zu tun, obwohl du genau weißt, dass es total idiotisch ist. Oder?

Kann es Dinge geben, die keinen Namen haben?

Fällt dir ein namenloser Gegenstand ein? Mir kommt dieser kleine Teppich in den Sinn, der bei meiner Oma im Bad vor der Toilette lag. Hast du so ein Ding schon mal gesehen? Weißt du, wie so ein Toilettenteppich genannt wird? Klosettumrahmung. Anderes Beispiel: Im Supermarkt legen die Leute so eine Art Stab auf das Transportband der Kasse, um deutlich zu machen, dass dahinter die Einkäufe des nächsten Kunden kommen. Der Name dieses Stabs: Warentrenner.

Es scheint, als gäbe es für alles, was sich irgendwann mal ein Mensch ausgedacht hat, auch einen Namen. Wenn du dir etwas ausdenkst, das es bislang noch nicht gab, würdest du diesem Ding nicht automatisch einen Namen geben? Das würde bedeuten, dass jedes Ding benannt wird, sobald ein Mensch damit etwas zu tun hat. Also gibt es keine Dinge ohne Namen.

Aber was ist mit Tieren oder Pflanzen, die noch nicht entdeckt worden sind? Weil sie noch niemand gesehen hat, haben sie keinen Namen, und dennoch gibt es sie.

Als die Menschen noch an Magie glaubten, waren sie der Ansicht, dass einem ein böser Geist nichts anhaben kann, wenn man seinen Namen weiß. Den Namen zu kennen, verlieh Macht - wie beim Märchen von Rumpelstilzchen: Sobald die junge Königin seinen Namen wusste, war es machtlos. Umgekehrt geht es auch. Der berühmte Odysseus wurde einmal gefangen, von einem gewissen Polyphem. Polyphem fragte Odysseus nach seinem Namen und der antwortete: „Ich heiße Niemand." Bei der Flucht stach Odysseus Polyphem das Auge aus. Der schrie und seine Nachbarn riefen, was denn los sei. Polyphem antwortete: „Helft mir, Niemand hat mich blind gemacht." Natürlich kam ihm keiner zur Hilfe - und Odysseus konnte fliehen.

82

Denkst du, du könntest etwas richtig Böses tun?

Was ist eigentlich böse? Als ich das letzte Mal gehört habe, wie jemand voller Empörung sagte „Das ist ganz böse von dir!", stand meine Mutter vor ihrem Hund und schimpfte ihn aus. „Böse, böse, böse!" Die beiden waren bei uns zu Besuch, und er hatte gerade das Katzenklo sauber gemacht. Die Haufen müssen ihm super geschmeckt haben - es war keiner übrig geblieben.

Es ist wirklich eigenartig, wie das Entfernen von Katzenkacke völlig unterschiedliche Reaktionen hervorrufen kann, je nachdem wer es gemacht hat: Wenn der Hund es war, wird er ausgeschimpft. Wenn ich es war, freuen sich alle - nur nicht der Hund. Zugegeben, ich fresse die Haufen nicht auf, sondern bringe sie in den Müll, aber das Ergebnis ist das gleiche. Bedeutet das, wir haben keine eindeutige Regelung dafür, was böse ist?

Finden sich vielleicht Hinweise dazu im Gesetz? Im deutschen Strafgesetzbuch, dem StGB, gibt es ein einziges Verbrechen, das immer mit lebenslang bestraft wird: Mord. Es würde, vermute ich, niemand widersprechen, Mord als richtig böse zu bezeichnen, auch wenn das im StGB wörtlich nicht so steht.

Aber sind vielleicht auch weniger extreme Taten richtig böse? Denkst du, du könntest jemanden aus Spaß quälen oder mobben oder verletzen? Körperlich oder seelisch? Macht es dir etwas aus, darüber nachzudenken? Würde es dich verändern, wenn du etwas Böses gemacht hast? Und denkst du, es spielt eine Rolle, ob du allein etwas „richtig Böses" tust oder zusammen mit anderen? Tatsächlich haben Forschende herausgefunden, dass Menschen, die in einer Gruppe unerkannt bleiben, viel aggressiver werden können und Dinge tun, die sie allein nicht getan hätten. Übel, oder?

Welches ausgestorbene Tier würdest du am liebsten zurückbringen?

Jeden Tag sterben Tierarten aus – und das geht schon seit vielen hundert Millionen Jahren so. Das letzte große Massenaussterben gab es am Ende der Kreidezeit vor 65 Millionen Jahren. Damals schlug wahrscheinlich ein Asteroid auf der Erde ein. Dieser Gesteinsbrocken aus dem Weltall muss einen Durchmesser von ungefähr 6 bis 7 Kilometern gehabt habe. Das war das Ende der Dinosaurier.

Nicht jedes Aussterben wird von einem Asteroideneinschlag ausgelöst. Heutzutage sind wir Menschen die Hauptursache dafür, dass Tiere – und auch Pflanzen – aussterben. Meistens liegt es daran, dass wir unsere Umgebung so verändern, dass wild lebende Tiere keine Nahrung mehr finden und sterben.

Von allen bekannten Tierarten, die es je auf der Erde gegeben hat, sind 99 % ausgestorben. Das heißt, wenn du dir überlegst, welches Tier du gern zurückbringen möchtest, hast du eine riesige Auswahl. Soll es ein Supersaurus sein? Der gehört zu den größten Dinosauriern mit etwa 35 Metern Körperlänge. Oder lieber ein etwas kleineres Tier wie der „Megalodon"? Das war ein Hai, der zwischen 15 und 20 Meter lang war. Oder ein anderes Megatier – „Megaloceros" – auch Riesenhirsch genannt. Die Männchen trugen Geweihe, die bis 3,5 Meter Spannweite haben konnten.

Wenn ich könnte, hätte ich gern den Dodo zurück. Die letzten seiner Art starben wahrscheinlich Ende des 17. Jahrhunderts. Der Dodo war eine große Taube, die nicht fliegen konnte. Das war auch nicht nötig, denn auf der Insel Mauritius, dem Zuhause der Dodos, hatten diese Vögel keine Feinde – bis auf uns Menschen. Ich wünsche mir den Dodo, weil sein Name fast so klingt wie meiner – also der wissenschaftliche Name – „Raphus cucullatus".

Für welches Tier würdest du dich entscheiden? Und warum?

84

Was würdest du fragen, wenn die Antwort, die du bekommst, auf jeden Fall stimmen würde?

Hier ist eine kurze Liste von Fragen, zu denen ich gern die Antwort wissen würde:

1. Was muss passieren, damit alle in Frieden leben?
2. Warum schmeckt Schokolade nach Schokolade?
3. Welche intelligenten Lebensformen gibt es?
4. Welche Tiere können Schmerzen fühlen?
5. Wie kann ich eine Zeitmaschine bauen?
6. Wenn es einen Gott gibt, wo ist sie?
7. Was ist außerhalb des Universums?
8. Was kommt nach dem Tod?
9. Who let the dogs out?

Ehrlich gesagt, könnte ich ein ganzes Buch mit Fragen vollschreiben - äh, Moment mal - haha!

Es gibt übrigens zwei verschiedene Arten von Fragen: geschlossene und offene Fragen. Eine geschlossene Frage ist zum Beispiel: „Gefällt dir dieses Buch?" Die Antwort darauf kann nur sehr einsilbig ausfallen - ja oder nein. Eine offene Frage dagegen könnte so aussehen: „Was gefällt dir an diesem Buch?" Diese Formulierung lässt dir bei deiner Antwort viel mehr Möglichkeiten. Offene Fragen fangen oft mit diesen Wörtern an: was, wer, wo, wann, wie, warum. Wenn du willst, kannst du so richtig ins Erzählen kommen. Der Vorteil einer offenen Frage ist, dass ich viel mehr von dir erfahre als bei einer geschlossenen Frage.

Auf welche Frage hättest du gern eine Antwort?

85

Wenn du eine einzige Regel aufstellen könntest, an die sich alle halten müssten, welche Regel wäre das?

Fünfundachtzig

Es gibt jede Menge Regeln. Manche werden von Eltern aufgestellt und sind von Familie zu Familie unterschiedlich: „Höchstens 1 Stunde Bildschirmzeit am Tag." (Wie soll man damit zurechtkommen?) Es gibt Gesetze, die für jedes Land unterschiedlich sein können. Und es gibt Vereinbarungen, die viele Länder gemeinsam aufstellen, mit der Übereinkunft, dass sie sich alle an dieselben Regeln halten wollen. Bei den Menschenrechten der Vereinten Nationen steht zum Beispiel geschrieben: „Alle Menschen sind frei und gleich an Würde und Rechten geboren."[8]

Diese Gesetze und Übereinkünfte sind alle relativ jung. Es gibt aber auch sehr alte Regeln. Eine der wahrscheinlich ältesten - die alten Ägypter kannten sie schon - ist eine Regel, die heutzutage oft die „Goldene Regel" genannt wird. Die hast du bestimmt auch schon mal gehört: „Was du nicht willst, dass man dir tu', das füg' auch keinem anderem zu." Oder anders formuliert: „Behandle jeden Menschen so, wie du behandelt werden möchtest." Weißt du, was an dieser Regel sehr interessant ist? Es gibt sie in unterschiedlichen Varianten in jeder größeren Weltreligion. Gott oder ein anderes höheres Wesen ist aber überhaupt nicht nötig, damit die Regel funktioniert oder Sinn ergibt.

Und welcher Sinn steckt wohl hinter dieser Regel? Vielleicht, dass du nicht vergisst, dich in die Lage deines Gegenübers hineinzuversetzen. Denkst du, es würde allen besser gehen, wenn jeder diese Regel befolgen würde? Hältst du dich an die „Goldene Regel"? Oder hat sie einen Haken? Was zum Beispiel, wenn das, was ich mag, nicht das ist, was du magst?

An welche eine Regel hältst du dich immer?

86

In welcher Film- oder Romanwelt würdest du am liebsten leben?

Sechsundachtzig

Das ist eine sehr schwierige Frage. Es gibt so viele tolle Geschichten in Filmen und in Büchern, dass ich Schwierigkeiten habe, mich für eine zu entscheiden. Ich bin mir auch gar nicht sicher, ob ich in einer Welt wie Mittelerde oder Narnia leben möchte. Oder ob ich mich besser im Weltall zurechtfinden könnte - in den Quadranten von Star Trek oder im Star-Wars-Universum. Wahrscheinlich würde ich am liebsten in Paddingtons London leben mit einem sprechenden Bären als Nachbarn. Ich brauche es gar nicht so aufregend.

Wie ist es bei dir? Welche Bücher magst du? Welche Filme findest du toll? In welcher Welt würdest du am liebsten sein? Malst du dir gern alles selbst aus oder findest du es viel mitreißender, im Kino zu sitzen und zu staunen, was sich die Filmemacher ausgedacht haben? Oder hast du noch gar keine Roman- oder Filmwelt gefunden, die dich so richtig gepackt hat?

Das ist eigentlich die beste Ausgangsposition: Dann kannst du nämlich selbst mit dem Ausdenken und Aufschreiben anfangen. Du kannst dir alle Orte ausmalen, an denen du immer schon mal Abenteuer erleben wolltest. Niemand kann dir vorschreiben, was es dort geben kann oder nicht. Alles, was du willst, ist dort. Das klingt nach der tollsten von allen Welten, oder? Wer lebt dort alles? Nur Menschen? Oder auch Fantasiewesen? Gibt es sprechende Tiere oder Bäume oder Autos? Ist es eher eine gruselige Welt? Oder eine verrückte?

Oder ist es dir am Ende viel zu anstrengend, in einer ausgedachten Gegend zu leben? Dann bleibst du einfach, wo du bist, und machst dir die Welt, wie sie dir gefällt.

87

Ist weinen schwieriger als lachen?

Siebenundachtzig

Wenn du lachst, spannst du knapp hundert Muskeln an: Dein Zwerchfell sorgt dafür, dass du schneller atmest. Du presst Luft an den Stimmbändern vorbei und machst komische Geräusche. Im Gesicht heben sich die Mundwinkel, die Augenbrauen gehen hoch. Du spannst die Ohren an, deine Nasenlöcher werden groß und oft kneifst du beim Lachen deine Augen zusammen. Manchmal passiert es, dass du vor lauter Lachen sogar weinen musst.

Weinen scheint fast ähnlich anstrengend zu sein - zumindest, wenn du heulst und schluchzt kann sich dein ganzer Oberkörper verkrampfen, du gibst bitterliche Geräusche von dir und die Muskeln in deinem Gesicht sorgen für einen schmerzverzerrten Ausdruck.

Vom Weinen und der verstopften Rotznase bekommen manche Menschen Kopfschmerzen. Lachen kann dagegen richtig Muskelkater verursachen. Und manchmal muss man sich umziehen, wenn man vor Lachen in die Hose gemacht hat. Anstrengend kann also beides sein. Aber auch sehr befreiend und erleichternd.

Als wir einmal für „Wissen macht Ah!" vor der Kamera so tun sollten, als würden wir einen unkontrollierbaren Lachanfall bekommen, war das überhaupt kein Problem. Im Gegenteil, je länger wir so taten, als müssten wir lachen, desto besser wurde unsere Laune. Das ist übrigens auch eine gute Taktik, die ich auf Partys benutze, bei denen ich niemanden kenne: Ich tue einfach so, als hätte ich die lustigste Zeit meines Lebens - das kann sehr ansteckend sein.

Weinen ist bei Weitem nicht so ansteckend wie Lachen - und es ist ein sehr persönlicher Gefühlsausdruck. Allein deshalb finde ich es viel schwieriger als Lachen. Es sei denn, ich habe eine Zwiebel dabei. Wie ist es bei dir?

Von was bekommst du Gänsehaut?

Wenn meine Katze eine andere Katze im Garten entdeckt, dann sieht sie auf einmal dreimal so groß aus: Sie macht einen Buckel und stellt alle ihre Haare auf. Wir Menschen haben für gewöhnlich nicht so viele Haare am Körper wie eine normale Hauskatze. Zumindest sieht man sie nicht, weil sie sehr dünn und fein sind. Wenn unser Körper diese Haare aufstellt, dann sehen wir in der Regel nur kleine Erhebungen auf der Hautoberfläche - die Gänsehaut.

Sie heißt so, weil sie an die Haut gerupfter Gänse erinnert. Warum Lebewesen ihre Haare aufstellen, hat verschiedene Gründe. Bei Tieren kann es eine Reaktion auf Gefahr sein - wie bei meiner Katze -, aber auch auf Kälte. Durch das Aufstellen der Haare entsteht im Fell ein Luftpolster, das Tiere zusätzlich wärmt.

Wir Menschen haben kein Fell mehr, aber zeigen trotzdem die gleiche Reaktion, wenn uns kalt wird. Warum das so ist, wird noch erforscht. Aber nicht nur Kälte, auch das Geräusch von Kreide, die auf alten Schultafeln quietscht, kann Gänsehaut auslösen, genau wie bestimmte Musikstücke oder Filmszenen. Manchmal ist es auch einfach nur der Gedanke an diese Momente.

Ich mag Gänsehaut. Dieser Schauer, der auf dem Kopf anfängt und im besten Fall den ganzen Körper herunterläuft, ist total erfrischend. (Das liegt höchstwahrscheinlich daran, dass die Hautoberfläche durch die vielen kleinen Erhebungen vergrößert wird und auf diese Weise mehr Schweiß verdunsten kann.) Am leichtesten bekomme ich Gänsehaut, wenn ich meinen Kopfkrauler benutze. Der sieht aus wie ein großer Schneebesen ohne Schlaufen.

Manche Menschen können sogar einfach auf Befehl Gänsehaut bei sich auslösen. Wie ist es bei dir?

89

Wenn du eines
Morgens aufwachen
würdest und dich an
nichts mehr erinnern
könntest, wärst
das immer noch du?

Neunundachtzig

Was genau macht dich zu dir? Wer - oder was - bist du? Viele Menschen haben die Vorstellung, dass es einen Kern gibt, den jeder von Geburt an in sich trägt und der bestimmt, wer man ist. Um diesen Kern herum sammeln sich alle Erfahrungen, Empfindungen und Erinnerungen, die man im Leben macht. Dieser Kern muss ziemlich gut versteckt sein, deshalb nehmen Menschen an Selbstfindungskursen teil, in denen sie lernen, wie sie sich selbst finden können. (Ich finde mich meistens ganz in Ordnung.)

Viele Forscherinnen und Wissenschaftler denken nicht, dass es im Kern ein „Ich" gibt, um das sich alle Erinnerungen und Erfahrungen anhäufen. Dieses Buch hier zum Beispiel besteht aus einem Umschlag, Blättern und Schrift auf den Blättern. Niemand würde sagen, es gibt ein Ding - einen Kern - namens „Buch" und daran befestigen wir Schrift, Blätter und Umschlag. Nein, das Buch entsteht, wenn diese verschiedenen Teile zusammenkommen. Und so scheint es auch mit deinem „Ich" zu sein: Deine Erfahrungen und Erinnerungen, sowie natürlich deine Körperteile und Organe machen dich zu dir.

Wenn du dich beim Aufwachen an nichts mehr erinnerst, bist du dann trotzdem noch da? Bist du dann noch du? Oder hast du dich aufgelöst, weil ein wichtiger Teil von dir fehlt? Und was würden die Menschen sagen, die mit dir zusammenleben? Sie würden dich bestimmt erkennen, auch wenn du dich an nichts erinnerst, oder? Und wenn deine Erinnerungen auf einmal wieder zurückkommen, bist du dann wieder da? Und wo warst du in der Zwischenzeit? Das „Ich" und wie es entsteht, scheint auf jeden Fall ein großes Geheimnis zu sein.

Ab wann ist ein altes Fahrrad ein neues Fahrrad?

Stell dir vor, du hast als kleines Kind von deiner Tante ein Fahrrad geschenkt bekommen. Auf diesem Fahrrad hast du Rad fahren gelernt. Dieses Fahrrad ist dir so sehr ans Herz gewachsen, dass deine Eltern jedes kaputte Teil durch ein gleiches neues Teil ersetzen mussten. Nach einiger Zeit gibt es nicht mal mehr eine alte Schraube an deinem Fahrrad. Dann besucht dich deine Tante wieder. Sie sieht das Rad, neigt den Kopf zur Seite, fasst sich mit beiden Händen voller Rührung an die Wangen und seufzt: „Oh, wie schön, das ist das Fahrrad, das ich dir geschenkt habe und auf dem du Rad fahren gelernt hast."

Hat sie recht? Ist es das alte Fahrrad? Oder ist es ein neues? Immerhin ist an diesem Fahrrad kein Teil mehr von dem alten vorhanden. Wenn es ein neues Fahrrad ist, dann stellt sich die Frage: Wann ist das alte Fahrrad zum neuen Fahrrad geworden? Passierte das beim ersten neuen Ersatzteil? Oder als das letzte alte Teil ausgetauscht wurde? Oder sobald das Fahrrad aus mehr neuen als alten Teilen bestand? Spielt es eine Rolle, ob man die Teile über mehrere Jahre austauscht oder sie an einem Tag ersetzt? Und was ist, wenn man nicht weiß, dass es an dem Fahrrad keine alten Teile mehr gibt? Was macht dein Fahrrad zu deinem Fahrrad? Sind es die Einzelteile oder ist es das, wofür das Fahrrad steht, deine Erlebnisse und deine Erinnerungen? Oder die deiner Tante in diesem Fall.

Schon bei den antiken Griechen dachte der Philosoph Plutarch über diese Frage nach - nur ging es beim ihm damals natürlich nicht um dein Fahrrad, sondern um das Schiff von Theseus. (Wenn aber das Schiff durch dein Rad ersetzt wurde, ist es dann immer noch die alte Frage? Oder ist es eine neue?)

Wie sähe der ideale Spielplatz aus?

Für mich so:

Und für dich?

Einzelkind oder Geschwister?

Zweiundneunzig

Stell dir vor, du musst niemals etwas teilen oder abgeben, sondern kannst alles für dich behalten. Du bekommst die volle Aufmerksamkeit deiner Eltern, weil du das einzige Kind bist. Kein kleiner Bruder nervt, keine große Schwester ärgert dich. Wenn überlegt wird, wohin es in den nächsten Ferien geht, dann musst du keine Kompromisse mit Geschwistern eingehen. Du musst nie die abgelegten Hosen und T-Shirts deiner älteren Brüder oder Schwestern tragen, weil es keine gibt! Deine Eltern sind nur für dich da.

Und jetzt stell dir vor, du musst keine Angst haben, weil du nie allein bist. Keine anderen Menschen kennen dich so lange und so gut, wie deine Geschwister. Wenn dich etwas bedrückt, kannst du immer mit ihnen sprechen. Ihr seid eine eingeschworene Bande. Wenn deine Eltern dir etwas nicht erlauben, bekommst du Unterstützung von deinen Brüdern oder Schwestern - und am Ende doch deinen Willen. Urlaube sind nie langweilig, weil du immer jemanden zum Spielen dabeihast. Wenn du in der Schule etwas nicht verstehst, können dir deine älteren Geschwister helfen. Und deine jüngeren Geschwister schenken dir zum Geburtstag selbst gemalte Gutscheine, die du jederzeit einlösen kannst. Deine Eltern lassen dich viel öfter in Ruhe.

Unterscheiden sich Menschen, die als Einzelkind aufgewachsen sind, von denen, die Geschwister haben? Forschende konnten keine bemerkenswerten Unterschiede feststellen. Was ist für dich der Vorteil, allein aufzuwachsen? Und was der, mit Geschwistern aufzuwachsen? Wünschst du dir manchmal genau das Gegenteil von dem, was du hast?

Ich war übrigens beides: Einzelkind und Geschwisterkind. (Ich bin ein großer Bruder. Bevor meine Schwester auf die Welt kam, war ich Einzelkind.)

93

Was hat bei dir das letzte Mal Heimweh ausgelöst?

Dreiundneunzig

Heimweh ist ein wirklich gemeines Gefühl. Zum Beispiel, wenn du deine Tante besuchen fährst, die weit, weit entfernt lebt. Sie hat all diese Hunde, Katzen und Pferde - und du magst nichts lieber, als zu reiten. Aber dann schleicht sich das Heimweh heran. Meistens, wenn du kurz vorm Einschlafen allein in deinem Bett liegst und dich fragst, was wohl deine Familie zu Hause macht und ob dich alle genauso vermissen wie du sie. Auf einmal hast du das Gefühl, es steckt ein dicker Kloß in deinem Hals und das einzige, was hilft, ist kurz zu Hause anrufen. Doch sobald du die vertrauten Stimmen hörst, musst du weinen, und das Heimweh wird noch schlimmer. Dabei ist sonst alles in Ordnung.

Woher also kommt Heimweh? Dieses Gefühl kann entstehen, wenn wir von unserer vertrauten Umgebung und den Menschen, die dort leben, getrennt sind. Diese Trennung bereitet uns Kummer. Manchmal ist dieser Kummer so groß, dass wir nur noch heulen können. Gerade, wenn man zum ersten Mal allein verreist, kann das Heimweh sehr stark sein. Hattest du schon oft Heimweh? Hast du dir vor der nächsten Reise Gedanken darüber gemacht, ob du wieder Heimweh bekommst? Und könnte es sein, dass genau diese Angst vor Heimweh, das Heimweh ausgelöst hat? Wurde das Heimweh besser, je öfter du weg warst?

Was denkst du, welchen Sinn hat Heimweh, außer eine Reise zu vermiesen? Leute, die das menschliche Gefühlsleben erforschen, denken, dass Heimweh eine Art Übung ist. Dein Gehirn lernt beim Heimweh mit Trennung und Kummer umzugehen, damit du bei zukünftigen Reisen weniger Heimweh bekommst.

Übrigens: Heimweh muss keinem peinlich sein - alle kennen dieses Gefühl.

Aufstehen oder liegen bleiben?

Ich muss zugeben, ich bin ein Snoozer. Heißt, ich stelle meinen Wecker auf eine Zeit 30 Minuten vor meiner eigentlichen Aufstehzeit. Wenn der Wecker dann klingelt, drücke ich auf die Schlummertaste, damit ich noch ein bisschen liegen bleiben kann. Natürlich schlafe ich meistens wieder ein. Wahrscheinlich denkt mein Körper: „Ah, falscher Alarm. Gute Nacht." Die Schlummertaste zu drücken, ist eine ganz schlechte Art aufzustehen. Sagen auch alle, die den Schlaf erforschen.

Allein daran wird klar: So schwer es mir fällt - das Aufstehen siegt. Und das trifft nicht nur auf die Situation morgens im Bett zu. Auch sonst im Leben versuche ich, immer in Bewegung zu bleiben und nicht stillzustehen. Und obwohl ich schon einige Jahre Übung im Gehen habe, passiert es mir regelmäßig, dass ich stolpere und auf die Nase falle. Dann erinnere ich mich daran, dass das immerhin auch eine Bewegung nach vorne ist - und stehe wieder auf.

Wie ist es bei dir? Fällt es dir schwer, aufzustehen, und würdest du lieber liegen bleiben? Kannst du sagen, wann du mehr erlebst - wenn du aufstehst oder wenn du liegen bleibst? Und was erlebst du dann?

Obwohl ich Liegenbleiben sehr reizvoll finde, versuche ich doch, immer einmal mehr aufzustehen. Liegen bleiben kann ich ja noch, wenn ich tot bin.

95

Leben wir in einer Computersimulation?

Du denkst dir vielleicht: „Was für eine blöde Frage! Natürlich nicht, das hier ist alles echt!" Wenn du etwas siehst oder hörst oder riechst oder berührst - wo laufen alle diese Empfindungen zusammen? Im Gehirn. Könnte es nicht ein Gerät geben, mit dem man direkt - ohne Umwege über Augen, Ohren, Nase oder Haut - dein Gehirn so reizen kann, dass du denkst, du würdest alles Mögliche wahrnehmen? Es würde sich echt anfühlen, wäre aber nur das Ergebnis einer Computersimulation.

Vielleicht gibt es in der Zukunft Computer, die nicht nur Spiele, sondern ganze Welten simulieren können. Und so wie du bei „Minecraft" dein Zuhause nachbaust, würden deine Urururenkel ihre Urururgroßeltern nachbauen - also dich. Und vielleicht gibt es ganz viele Urururenkel, die wissen wollen, wie dein Leben so war im Jahr 2020. Es gäbe dann viele Computer mit vielen Simulationen von dir und deinem Leben - du wärst wie eine Figur bei den „Sims". Wenn es aber viele Simulationen gibt - von denen du als simulierte Figur gar nicht weißt, dass du in einer lebst -, und es gibt nur eine echte Realität, dann wäre es doch sehr wahrscheinlich, dass wir jetzt gerade auch in einer Simulation leben, oder?

Stell dir vor, du hast eine Schale mit vielen blauen Bonbons und einem einzigen roten Bonbon. Die blauen sollen die Simulationen sein, das rote die Realität. Mach die Augen zu, greif in die Schale und nimm dir ein Bonbon. Welche Farbe wird es wahrscheinlich haben?

Was spricht deiner Meinung nach dafür, dass wir nicht in einer Simulation leben? Warum denkst du, dass alles echt ist?

96

Was ist dein schönster Traum?

Sechsundneunzig

Manchmal habe ich Träume, die wie Filme sind. Die sind toll. Sie erscheinen mir unglaublich lang, und es gibt eine richtige Handlung. Diese Träume finden in Raumschiffen statt oder im Dschungel. Hin und wieder kann ich in diesen Träumen fliegen. Am allerbesten aber finde ich die Träume, in denen ich weiß, dass ich träume. Dann kann ich meinen Traum steuern und alles machen, was ich will. Und die einzige Angst, die ich habe, ist die, dass ich zu früh aufwache.

Diese Art von Traum hat sogar einen Namen: Klartraum. Wahrscheinlich, weil einem klar ist, dass man in einem Traum steckt. Klarträumen lässt sich trainieren. Ich habe angefangen, ein Traumtagebuch zu führen und aufzuschreiben, was ich träume. Schon beim Einschlafen erinnere ich mich daran, dass ich träumen werde. Jetzt kommt es immer öfter vor, dass mir im Traum mein Träumen bewusst wird. Manchmal habe ich den Eindruck, mein Unterbewusstsein freut sich richtig, dass ich bewusst dabei bin. Stell dir vor, es gibt jemanden, der die ganze Zeit versucht mit dir zu reden, aber von dir nicht beachtet wird. Bis du dann auf einmal merkst: Da spricht ja jemand mit mir! Du hörst zu, antwortest, und dein Gegenüber ist total glücklich, dass es endlich wahrgenommen wird. Und fängt dann erst recht an, viel zu erzählen. So ist es, wenn du anfängst, dich mit deinen Träumen zu beschäftigen.

Was erzählen dir deine Träume? Hast du vielleicht schon mal ein Problem im Schlaf - besser gesagt im Traum gelöst? Gibt es Träume, die du gern immer wieder träumst? Oder hast du Träume, die du nicht mehr träumen möchtest? Wenn du dir klarmachst, dass deine Träume aus deinem Gehirn kommen, was könnte das bedeuten?

In jedem Fall wünsche ich dir schöne Träume.

97

Was ist eigentlich alles unendlich?

Alles, was nicht endlich ist, ist unendlich. Endlich sind alle Ferien, alle Schokoriegel, alle Lieblingsbücher – auch wenn sie im Titel behaupten, sie wären unendlich. Die Straße, in der du lebst, ist endlich, denn sie hat einen Anfang und ein Ende. Es sei denn, deine Straße ist ein Kreis. Ein Kreis hat keinen Anfang und kein Ende und ist deshalb unendlich.

Unendlich sind Zahlen. Selbst wenn du an die höchste Zahl denkst, die du kennst, kannst du immer eins dazuzählen. Und wo ich gerade vom Denken schreibe: Sind Gedanken eigentlich unendlich? Wenn du denkst, du hast jetzt deinen letzten Gedanken gehabt, denkst du ja schon den nächsten. Alle deine Gedanken enden wahrscheinlich mit deinem Tod. Dafür ist immerhin der unendlich.

Hast du schon mal nachts in den Himmel geschaut? Das All scheint unendlich groß zu sein. Müsste es dann nicht auch unendlich viele Sterne geben? Dann müsste doch ein Stern an jedem Punkt des Nachthimmels leuchten, und er wäre nicht mehr dunkel. Es wäre genauso, wenn du in einem Wald stehst mit fast unendlich vielen Bäumen. Egal, in welche Richtung du dich drehst, du würdest nur Bäume sehen. Wenn also der Nachthimmel nicht komplett voll mit Sternen ist, dann kann es nicht unendlich viele Sterne geben. Und das All kann nicht unendlich sein. Diese Beobachtung heißt „Olbers'sches Paradoxon", benannt nach Heinrich Wilhelm Olbers, der 1823 darüber nachdachte, warum die Vorstellung des unendlichen Universums nicht mit dem übereinstimmte, was er nachts sah. Heute gehen Forschende davon aus, dass das beobachtbare Universum eine Grenze hat. Was aber hinter dieser Grenze ist, weiß niemand. Und das ist genauso unvorstellbar wie die Unendlichkeit, oder?

Wofür gibt es Kunst?

Achtundneunzig

Was ist überhaupt Kunst? Kunst ist zum Beispiel ein schönes Bild von einer Holzbrücke, die über einen Teich mit Seerosen führt. Wenn du dieses Bild anschaust, bekommst du gute Laune. Oder ein Kunstwerk bringt dich zum Lachen. Es gibt so viele Dinge auf der Welt, die einem Sorgen machen, da hilft es, die Hoffnung nicht zu verlieren und auf Schönes zu schauen. Genau dafür gibt es zum Beispiel Kunst.

Es gibt auch Kunstwerke, die uns daran erinnern, dass nicht alles schön und bunt ist. Manchmal willst du dir vielleicht nicht anmerken lassen, dass du traurig bist, und lächelst, obwohl dir gar nicht danach ist. Kunst kann auch dieser Traurigkeit Raum geben. Wenn man solche Kunst sieht, fühlt man sich vielleicht nicht mehr so allein. Auch dafür gibt es Kunst.

Kunst kann uns zeigen, dass auch die scheinbar unscheinbaren Dinge wichtig sind. Wenn du dir zum Beispiel die Blumen anschaust, die Vincent van Gogh gemalt hat, dann siehst du vielleicht die Blumen, an denen du sonst auf dem Weg zur Haltestelle achtlos vorbeiläufst, mit ganz anderen Augen. Oder dir fällt auf einmal auf, wie schön dicke Wolken bei Sonnenuntergang aussehen können. Auch dafür ist Kunst da.

Viele Dinge, die von Menschen gemacht wurden, haben irgendeinen Zweck. Kunst ist da die große Ausnahme. Denn viele Kunstwerke haben keinen Zweck - außer vielleicht keinen Zweck zu haben. So erinnert uns Kunst daran, dass es in Ordnung ist, einfach mal unnütz und sinnlos zu sein.

Dir fallen bestimmt viele Gründe ein, wofür es Kunst sonst noch gibt. Zum Aufregen, zum Nachmachen oder zum Neue-Gedanken-Haben. Wofür war Kunst für dich schon mal da?

99

Wenn du eine Minute lang zu allen Menschen auf der Welt sprechen könntest, was würdest du sagen?

Neunundneunzig

Als Erstes würde ich rufen: „Nicht erschrecken!" Denn es ist bestimmt sehr seltsam, auf einmal überall dieselbe Stimme zu hören. Und dann? Eine Minute ist kurz. Was ist dir wichtig? Was würdest du sagen? Würdest du einen Witz erzählen? Wenn ja, welchen?

Oder würdest du alle Menschen auf den Arm nehmen wollen und so etwas sagen wie: „Seid gegrüßt, Erdlinge! Euer Planet muss leider einer Hyperraumumgehungsstraße weichen und wird deshalb in 45 Sekunden vernichtet. Guten Tag." Douglas Adams hätte wahrscheinlich seine Freude daran.

Oder hättest du gern, dass die Leute freundlicher miteinander umgehen sollen, und würdest sagen: „Ihr müsst nett sein zueinander, verdammt noch mal!"

Oder hat dir vielleicht schon mal jemand etwas gesagt, das dein Leben in irgendeiner Art verändert hat? Vielleicht hätten andere Menschen auch etwas davon? Ein Satz wie: „Hör auf keinen Fall auf, wenn es am schönsten ist!"

Oder würdest du einfach nur sagen: „Seid mal leise" - und wärst dann still für den Rest deiner Minute. Stell dir vor, die ganze Welt wäre 60 Sekunden ruhig!

Oder würdest du am liebsten gar nichts sagen, weil dir schon das Lampenfieber reicht, das du hast, wenn du ein Referat vor 30 Leuten halten sollst - und du auf keinen Fall vor 7,8 Milliarden Menschen sprechen möchtest? Was würdest du tun?

Ich würde mir wahrscheinlich ganz wichtige und weltbewegende Dinge überlegen, die ich sagen möchte. Das meiste würde ich wegen der Aufregung vergessen. Als Ersatz würde ich dann wahrscheinlich der Menschheit meinen Zeigefinger hinhalten und sagen: „Zieh mal!"

Und jetzt du!

Herzlichen Glückwunsch, du hast das Ende des Buchs erreicht!

Ich hoffe, es gab die ein oder andere Frage, die du richtig bescheuert gefunden hast. Wenn ja, dann kannst du hier jetzt eine bessere Version aufschreiben.

Wenn aber alle Fragen total gut bei dir ankamen, dann könnte es sein, dass das viele Nachdenken über die unterschiedlichen Themen dich selbst auf ganz viele neue Fragen gebracht hat, die vielleicht nicht in diesem Buch vorkamen.

Denn das ist ja das Tolle: Fast jede Antwort bringt eine Menge weiterer Fragen mit. Die kannst du jetzt hier aufschreiben.

Viel Spaß beim Beantworten und beim Ausdenken neuer Fragen!

Zitierte Literatur

(Alle Links wurden letztmalig abgerufen am 24. Juni 2020.)

1   Vgl. Arthur Schopenhauer: „Parerga und Paralipomena", Band 2, Verlag A. W. Hahn, Berlin, 1851, S. 181 f.

2   Vgl. Warren St. John: „Sorrow So Sweet: A Guilty Pleasure in Another's Woe"; in „The New York Times", Online-Artikel erschienen am 24. August 2020; vgl. https://www.nytimes.com/2002/08/24/arts/sorrow-so-sweet-a-guilty-pleasure-in-another-s-woe.html.

3   Vgl. „An eye for an eye only ends up making the whole world blind", zitiert nach: Richard Attenborough: „Gandhi", Buch: John Briley, Film 1982.

4   Zitiert nach: Lukas 6, 29; in Textbibel des Alten und Neuen Testaments, von Emil Kautzsch, Carl Heinrich Weizsäcker, o. O., 1899; vgl. https://bibeltext.com/luke/6-29.htm.

5   Neugierig, was das wohl bedeutet? Das hier könnte helfen: https://tradukka.com/translate/tlh?hl=de.

6   Vgl. https://fermatslibrary.com/s/where-is-everybody.

7   C. S. Lewis: „Don't let your happiness depend on something you may lose", in C. S. Lewis: „The Four Loves", Houghton Mifflin Harcourt, Boston, 1972; S. 132.

8   Vgl. Vereinte Nationen: Resolution der Generalversammlung, 217 A (III). Allgemeine Erklärung der Menschenrechte, PRÄAMBEL, Artikel 1; vgl. https://www.un.org/depts/german/menschenrechte/aemr.pdf.

Impressum

© Duden 2020   D C B
Bibliographisches Institut GmbH, Mecklenburgische Straße 53, 14197 Berlin
Dieses Werk wurde vermittelt durch die Montasser Medienagentur, München.

Redaktion und Lektorat Susanne Klar
Herstellung Alfred Trinnes
Layout und Satz Veronika Neubauer
Umschlaggestaltung 2issue, München
Umschlagabbildung © Ralph Caspers
Druck und Bindung AZ Druck und Datentechnik GmbH,
Heisinger Straße 16, 87437 Kempten

Printed in Germany

ISBN 978-3-411-74272-1
Auch als E-Book erhältlich unter ISBN 978-3-411-91335-0
Auch als Audio-Book erhältlich unter ISBN 978-3-95862-592-1
www.duden.de